KB249709

살림딭몬 (성경, 이해하며 읽기)

Reading in understanding the Bible

살딤믄

데살로니가전서
데살로니가후서

디모데전서
디모데후서

디도서

빌레몬서

장석환 지음

성경을
읽는다는 것

우리는 성경을 통해 하나님을 만난다.
성경을 통해 하나님과 동행하면 풍성한 삶이 된다.

사람을 만날 때 인격적인(지·정·의) 만남이 되어야 한다.
그의 생각과 마음을 만나고 힘까지 공유하는 만남이다.
성경에는 하나님의 뜻(지)과 마음(정)과 힘(의)이 담겨 있다.
성경을 잘 읽으면 하나님의 얼굴을 보게 된다.
눈으로 보는 것보다 더 실제적이다.

좋은 사람과 만나 대화를 하면 행복하듯이
말씀으로 하나님을 만나면 행복하다.
성경은 하나님을 만나는 가장 실제적 방법이다.

마음과 의미가 전달되지 않는 대화가 무의미하듯
성경을 이해하지 못한 채 읽기만 하면, 성경을 읽는 것이 아니다.
성경을 잘 이해하지 못하면
성경을 통해 하나님을 만나는 것을 모른다.

모든 사람이 성경을 조금 더 이해하면서 읽기를 소망한다.
그래서 이 주석을 쓰게 되었다.
남녀노소 모든 사람이 쉽게 읽을 수 있는 주석이 되었으면 좋겠다.
말씀으로 고뇌하는 누군가에게 무릎을 치게 하였으면 좋겠다.

이 주석이 하나님을 생생하게 만나는 만남의 장이 되기를 기도한다.
하나님께 영광되기를 기도한다.

성경, 이해하며 읽기
시리즈를 시작하며

이 시리즈의 시작은 내가 목회하는 교회 성도에게 읽히기 위해 시작되었다. 사랑하는 사람들에게 성경을 읽도록 하게 하기 위해 진행되었다. 지금은 고달프지만 사명으로 쓰고 있다.

많은 좋은 주석이 있고, 강해 설교집도 있는데 이 주석이 또 필요할까?

성경을 읽으라고 늘 권면하지만, 성경을 이해하는 것이 어려운 것이 또한 사실이다. 나도 영어 성경이나 원어 성경을 보지 않으면 이해되지 않는 부분이 많다. 그렇다고 성경 읽기를 포기해서는 결코 안 된다. 성경 읽기는 인생에서 가장 중요한 부분이다. 성경을 읽어야 하나님의 인도하심과 동행을 알 수 있기 때문이다. 그렇다고 갈수록 두꺼워지는 주석과 함께 읽는 것도 결코 쉽지 않다고 생각했다. 그래서 이 주석을 쓰게 되었다. 이 책은 마음만 있으면 누구나 읽을 수 있다.

성경 통독을 할 때 쉽게 함께 읽을 수 있는 짧은 주석을 쓰기를 원했다. 가능한 서론을 비롯한 신학적인 설명을 줄이고, 성경의 단어와 구절과 문장과 그 의도를 설명하는 데 집중하였다. 논쟁되는 부분에 대해 여러 주장을 비교하여 설명하고 싶은 욕심이 많이 있었으나 모두 내려 놓았다. 나의 설명이 단정적인 면이 많은 것은 신학적 논쟁이 없다는 뜻이 아니라 가독성을 방해하지 않기 위해서다. 나이 든 성도들이 글씨가 작아서 못 읽는다는 말을 많이 들어, 글씨를 크게 하였다. 그래서 책 디자인을 포기하고 판형을 크게 하였다. 칠팔십 대 할머니들도 잘 읽으시는 것을 보면 만족하지만 여전히 아쉬운 부분이다.

이 책을 읽을 때 성경과 함께 보도록 하고, 조금은 불편하게 할 의도로 처음에는 성경 본문을 넣지 않았다. 그런데 성경 본문에 대한 요청이 많아 이후에 넣게 되었다. 그래도 이 책을 제대로 읽기 위해서는 성경과 함께 읽어야 한다. 이 책을 읽을 때 처

음에는 먼저 성경을 펼치고 읽으라. 성경을 한 장 먼저 읽고 해당하는 부분의 이해를
위해 이 책을 읽으라. 그렇게 한 장 단위로 성경과 이 책을 번갈아 가면서 읽으라.
처음부터 이 책을 읽지 말고 꼭 성경을 먼저 보고 이 책을 읽기를 권한다. 그리고 성
경을 한 번 더 읽으면 더욱 좋다.

이 책이 성경을 더욱 사랑하게 되는 작은 지팡이가 되기를 기도한다.

<성경본문>

1. 한글본문: 대한성서공회. (1998). 성경전서: 개역개정. 대한성서공회.
   "여기에 사용한 '성경전서 개역개정판'의 저작권은 재단법인 대한성서공회 소유이며, 재단법인 대한성서공
   회의 허락을 받고 사용하였음."

2. 영어본문: GNB(American Bible Society. (1992). The Holy Bible: The Good news Translation (2nd ed.).
   American Bible Society.)

추 천 사

장석환 목사님의 <성경, 이해하며 읽기> 시리즈를 추천하게 되어 매우 기쁘고 감사합니다. 목사님의 저서 시리즈는 하나님을 만나는 유일하며 최고의 방법인 성경을 잘 읽을 수 있도록 도움을 주는 책입니다.

목사님께서는 총신대학교 신학과와 신학대학원에서 신학 수업을 마치시고 현재 하늘 기쁨 교회(2001년 개척)를 섬기시며 목회에 전념하고 계십니다. 말씀을 사랑하시는 목사님께서는 말씀으로 성도를 양육하시며, 더불어 여러 동역자와 함께 말씀 연구를 지속하고 계십니다. 특별히 목회자 및 후보생들이 말씀에 더 가까이 갈 수 있도록 LOGOS 바이블을 강의 및 보급하시는 일에 힘을 쓰고 계시기도 합니다. 이러한 하나님 말씀과 교회 및 성도 사랑이 크신 분입니다.

목사님께서 저술하고 계신 <성경, 이해하며 읽기> 시리즈는 이러한 목사님의 헌신과 사역의 소중한 결실입니다. 최신 출판된 『요한계시록』 주석(2025)을 포함에 이미 출판된 십수 권의 신·구약 성경 주석은 그 결실이 얼마나 귀한 것인지 보여줍니다.

목사님의 <성경, 이해하며 읽기> 시리즈 주석은 한 가지 큰 특징이 있습니다. 그것은 각 성경 본문을 소개하고, 이후 해당 본문의 핵심 메시지(내용과 교훈)를 말씀 중심, 교회 중심, 독자(사역자, 평신도) 중심으로 제시해 준다는 것입니다.

근래의 여러 주석은 성경 본문 자체보다는 그것을 설명하기 위한 여러 주변 것들에 집중한 나머지 정작 성경 본문 설명에 대해서는 간명한 메시지를 전달하지 못하는 아쉬움을 보여줍니다. 그러나 장석환 목사님의 <성경, 이해하며 읽기> 시리즈 주석은 대조적으로 하나님께서 주신 성경 말씀의 본문 의미를 간명하게 설명해 줍니다.

이러한 측면에서 추천인은 이 시리즈가 성경 말씀의 의미를 온전히 드러내는 데 기여할 것이며, 더불어 목회자와 후보생은 물론 성경 말씀을 사랑하는 성도들에게 큰 유익을 주리라 확신합니다.

김 주 한 교수

총신대학교 신학과 교수

"하나님은 성경을 사랑하는 사람을 사용하신다." 개혁주의자들이 믿는 여러 가지 신념 중에 하나입니다. 이 말이 장석환 목사와 그의 UB를 읽는 모든 이들에게도 진실이 되기를 바라는 마음에서 몇 마디 추천사를 올립니다.

첫째, UB는 성경 본문의 뜻을 이해하여 읽을 수 있도록 도와줍니다. 성경은 하나님의 우주적인 섭리와 도덕적 규범과 신앙을 안내해 주는 진리의 말씀이기 때문에, 공부하고 생각하면서 읽지 않으면 이해할 수도 없고 믿을 수도 없는 말씀이 많습니다. 그러나 바쁜 일정 속에서 사전을 찾아볼 수 있는 여유도 없고, 누구에게 물어볼 수도 없을 때, UB는 가장 좋은 안내자가 됩니다.

둘째, UB는 어려운 신학적 난제나 논란을 매우 간략하고 쉽게 설명해 줍니다. 대부분의 성경은 구도자들이나 어린 신자들도 알 수 있지만, 가끔 목사들이나 신학자들도 며칠 혹은 몇 년 동안 꾸준히 연구하지 않고는 풀리지 않는 어려운 문제들도 있습니다. 그러나 UB는 그런 난제들을 간단명료하면서도 건전한 학설을 소개해 주고 설명해 주니, 시간도 아낄 수 있고 안전한 신학적 안내를 받을 수 있어서 매우 좋습니다.

셋째, UB는 말씀을 실제 생활에 구체적으로 적용할 수 있도록 도와줍니다. 성경을 읽고 공부한 후에 적용하지 않으면 무슨 소용이 있습니까? UB는 나이와 빈부 그리고 학벌에 상관없이 누구나 말씀대로 살 수 있도록 도와줍니다. 그것은 아무나 할 수 있는 것은 아닌데, 아마 인생의 희로애락을 알고, 다년간 목회 경험을 하신 분의 글이고, 누구나 말씀에 순종하기 쉽도록 도와주는 지혜가 있기 때문입니다.

저희 부부는 라브리를 찾아오는 손님들과 매일 성경을 읽고 묵상하는데, 종종 UB를 펼쳐봅니다. 그러면 대부분의 질문이 해결됩니다. 그래도 부족하면 장 목사님이 선물해 주신 로고스 바이블 소프트웨어를 열어봅니다. 멀지 않은 장래에 장석환 UB 66권을 핸드폰이나 타블렛에서 열어볼 수 있는 날을 기대합니다.

성 인 경
라브리선교회 (L'Abri Fellowship) 한국대표

저자는 매일 새벽마다 전하는 짧은 설교를 위해서도 몇 시간씩 투자하여 성실히 준비에 몰두하시는 분이십니다. 이처럼 성도들과의 영적인 만남이 이루어지는 설교를 준비함에 있어서도 '찐열심'이신 분이십니다. 뿐만 아니라 지난 수십 년간 수많은 목회자들과 함께 매주 여러 책들을 읽고 토론하면서 다양한 세계로의 식견을 넓히시고, 목회 현장에서 어떻게 적용시켜야 할지를 끊임없이 고민하는 분이십니다.

'성경, 이해하며 읽기' 시리즈는 '로고스 바이블'에 특화된 전문가이신 장석환 목사님의 전문가적인 식견과 깊은 통찰력, 그리고 꼼꼼함과 성실함이 잘 드러나 있으며 누구나 쉽게 이해하며 읽을 수 있다는 큰 장점을 가지고 있는 책이라 할 수 있습니다. 또한 누구보다 성경을 깊이 사랑하는 장석환 목사님의 따뜻한 마음이 고스란히 담겨져 있으며, 깊고 오묘한 말씀의 세계로 빠져들게 하는 묘한 매력이 있기에 기쁨으로 추천하는 바입니다.

권 성 달 교수

웨스트민스터신학대학원대학교 구약학 교수,
성경과이스라엘 연구소 소장, 서울대학교 언어학과 외래교수

장석환 목사님의 『성경, 이해하며 읽기』 시리즈는 단순한 성경 해설서가 아닙니다. 이는 성경을 통해 하나님을 만나고, 그분과의 동행을 삶의 중심에 두고자 하는 이들을 위한 깊이 있는 안내서입니다. 특히 교육적 관점에서 볼 때, 이 시리즈는 독자들이 성경을 단순히 읽는 것을 넘어 온전한 이해로 나아갈 수 있도록 돕습니다. 지식(知), 감정(情), 의지(意)가 조화를 이루는 인격적 만남이 가능하도록 구성되어 있어, 성경을 읽는 이들이 하나님의 뜻을 깨닫고 그분의 마음을 깊이 느낄 수 있도록 이끕니다. 이는 기독교 교육의 핵심인 하나님과의 살아 있는 관계를 형성하는 데 탁월한 역할을 합니다.

또한, 본 시리즈는 신학적인 깊이와 실천적인 적용을 절묘하게 결합하여, 목회자와 성도 모두에게 유익한 도구가 됩니다. 특히, 다양한 연령과 배경을 가진 이들이 쉽게 접근할 수 있도록 배려된 서술 방식은 성경을 처음 접하는 이들뿐만 아니라, 더욱 깊이 연구하고자 하는 이들에게도 큰 도움을 줍니다. 이를 통해 개인과 공동체가 더욱 건강한 신앙의 토대를 세울 수 있을 것입니다.

『성경, 이해하며 읽기』 시리즈는 성경을 보다 생생하게 경험하게 하는 만남의 장이 될 것입니다. 성경을 이해하며 읽고자 하는 모든 이들에게 적극 추천합니다.

권 진 하 교수

백석대 겸임교수. 교회교육훈련개발원

나는 항상 하나님에 대한 그리움과 목마름이 있다.
하지만 하나님은 보이지도, 내가 원할 때, 항상 나타나지도 않으신다.
그런데 항상 하나님을 만나는 분이 있으니, 바로 저자 장석환목사이다.
그는 성경을 통해 하나님을 만난다. 그 감격으로 잠을 못 자고,
그 설레임으로 새벽을 깨운다.
하나님을 만나는 기쁨과 영광이 모든 성도에게 나눠지기를 원하는 그 간절한 마음으로
그는 성경주석을 썼고 특징은 다음과 같다.
첫째, 누구에게나 매우 쉽고 또한 간결하다.
둘째, 최신 신학적 흐름도 반영하며 전통적 해석에도 충실하다.
셋째, 성도가 이 땅을 어떻게 살아야 하는가의 적용,
실천하는 부분도 쉽게 잘 설명하고 있다.
장석환 목사의 성경주석(UB)이 한 권씩 나올 때 마다,
나도 하나님을 만나는 기대로 설렌다.

매주 월요독서모임을 같이 하는 **김 성 권** 목사

광염전원교회 협동목사

하나님께서 주신 성경 말씀은 믿는 사람들을 춤추게 합니다. 비록 현실 속에서는 때로 깊은 웅덩이와 수렁을 마주해도 하나님의 말씀을 의지하면 구원의 주님을 만날 수 있습니다. 우리는 그분과 인격적 만남을 통해서만 하나님과 나 자신과 세상을 바르게 이해하여, 하늘 곡조에 어울리는 몸짓으로 춤추며 살아갈 수 있습니다.
'성경 이해하며 읽기' 시리즈는 하나님과 나 자신과 세상을 손잡고 춤추기 원하는 모든 사람들이 성경 말씀을 쉽게 이해하여 하나님과 인격적인 만남을 갖도록 저술 되었다. 이 시리즈의 탁월한 점은 저자가 수 십년간의 말씀 묵상과 연구를 통해 습득한 바를 독자들에게 성경을 이해하기 쉽게 전달하여 말씀을 말씀 그대로 보게 해 준다. 뿐만 아니라 믿음의 사람들이 저자의 단백하면서도 절절한 복음중심적인 메시지를 통해 말씀 안에 담아 있는 하나님의 마음을 느끼게 한다. 그리하여 말씀대로 살아가도록 강력한 도전을 준다. 이 시리즈가 당신 눈에 띄였다면 그건 바로 하나님이 당신에게 함께 춤을 추자고 내민 손이니 꼭 붙 잡기를 바란다.

임 영 훈 목사

안산열매교회

데살로니가전서

목 차

데살로니가는 그리스 북동쪽(빌립보와 가까움)에 위치한 항구도시로 이 당시에 마게
도냐 지역의 수도였으며, 서방과 동방
을 이어주는 교통 요충지였다. 황제 숭배 때문에 파티가 많고 우상숭배와 관련된 성
적인 타락이 자연스러웠던 도시다. 일찍이 주전 150년경부터 유대인 공동체가 형성
된 도시다. 지금은 그리스 제2의 도시다.

바울은 2차 전도 여행 때 데살로니가에서 최소 3주, 아마 3개월 정도의 기간 복음을
전하였다. 유대인 공동체는 바울이 전하는 복음을 적극적으로 반대하였다. 그래서 시
장 깡패와 정치적 힘을 동원하여 바울 일행을 쫓아냈다. 3개월 복음을 전하여 미약
한 공동체가 만들어졌는데 거기까지였다.
데살로니가에서 쫓겨난 지 6개월 정도 지난 시점으로 여전히 2차 전도 여행 중에 고
린도에서 이 편지를 쓰고 있다. 바울은 늘 데살로니가 교회를 생각하며 기도하였는데
데살로니가 교회가 건강하게 세워져 간다는 소식에 참으로 감사하며 편지를 쓰고 있
다. 데살로니가 교회는 바울이 편지를 쓸 때 세워진 지 1년도 안 된 교회였다.

신약 성경에서 가장 먼저 기록된 성경은 야고보서이고 그 다음에 기록된 것은 갈라
디아서이다. 그리고 데살로니가전서는 세 번째 기록된 성경이다. 바울서신 중에는 두
번째 기록된 성경이다.

데살로니가전서는 특별히 재림신앙에 대해 이야기한다. 오늘날 재림이라는 단어는 인
기가 없다. 그러나 재림만큼 귀중하고 기쁘고 아름다운 단어는 없다. 데살로니가전서
성경 말씀을 함께 살펴보면서 재림이라는 단어가 우리 안에 귀하고 기쁘고 아름답게
간직되기를 바란다.

'재림'은 예수님이 이 땅에 다시 오시는 것을 말한다. 처음에 이 땅에 오셔서 죽으시
고 승천하셨던 예수님이 이 땅에 다시 오실 것이다. 초림은 구원을 여시기 위해 오셨
고, 재림은 구원을 완성하기 위해 오신다. 재림은 구원을 완성하는 것이다. 주님의 초
림이 십자가 사건에서 절정을 이루는 은혜요 슬픈 일이라면, 주님의 재림은 보좌와
천국에서의 영광이요 기쁨이다.
재림이라는 단어에 대한 오해가 많았다. 이상한 사람들이 재림이라는 단어를 사용하
기 때문이다. 재림에 대한 바른 신학을 가지지 않은 사람들 곧 재림에 대해 모르는 사

람들이 재림을 독점하다시피 하고 있다. 그래서 많은 사람들이 재림에 대해 좋지 않은 생각을 가지고 있다.

우리들은 재림에 대한 바른 개념을 회복해야 한다. 재림만큼 위대하고 아름다우며 행복한 단어는 없다. 우리가 그토록 바라던 구원이 완성되어, 현실화되며, 주님을 얼굴을 맞대어 보게 될 터인데 이보다 더 큰 기쁨이 어디 있겠는가?

1 바울과 실루아노와 디모데는 하나님 아버지와 주 예수 그리스도 안에 있는 데살로니가인의 교회에 편지하노니 은혜와 평강이 너희에게 있을지어다

1 From Paul, Silas, and Timothy— To the people of the church in Thessalonica, who belong to God the Father and the Lord Jesus Christ: May grace and peace be yours.

1:1 바울과 실루아노와 디모데…데살로니가인의 교회에 편지하노니. '실루아노'는 다른 곳에서 '실라'라고 불리기도 한다. 바울은 1차 전도 때 함께했던 바나바 대신 2차 전도부터는 실루아노와 함께 한다.

바울은 마게도냐(그리스 북부 지역)의 수도인 데살로니가에서 복음을 전하였다. 그는 몇 개월간 사역하여 그곳에 교회가 세워졌다. 바울은 고린도에서 복음을 전하면서 데살로니가 교회 소식을 듣고 그곳에 편지를 쓰고 있다. 데살로니가 교회에 복음을 전한 것이 주후 49년이고 이 편지를 쓰고 있는 것은 주후 50년으로 추정된다. 그렇다면 데살로니가 교회는 설립 1년도 안 되는 아주 초기의 개척교회다. 데살로니가전서는 바울이 두 번째 쓰는 성경이다. 이전에 1차 전도여행의 마지막에 갈라디아 지역에 의식율법에 대해 편지를 썼었다. 데살로니가 교회에는 주로 재림에 대한 이야기를 한다.

2 우리가 너희 모두로 말미암아 항상 하나님께 감사하며 기도할 때에 너희를 기억함은

2 We always thank God for you all and always mention you in our prayers.

1:2 하나님께 감사하며 기도할 때. 다른 서신은 보통 감사가 앞에서만 나오는데 데살로니가에서만 특이하게 처음에 나오지만 중간에도 감사의 내용이 나온다. 그만큼 바울은 데살로니가 교회를 생각하면서 더욱더 특별히 감사하게 생각하고 있었다.

3 너희의 믿음의 역사와 사랑의 수고와 우리 주 예수 그리스도에 대한 소망의 인내를 우리 하나님 아버지 앞에서 끊임없이 기억함이니

3 For we remember before our God and Father how you put your faith into practice, how your love made you work so hard, and how your hope in our Lord Jesus Christ is firm.

1:3 믿음의 역사와 사랑의 수고와 우리 주 예수 그리스도에 대한 소망의 인내. 바울이 데

살로니가 교회의 믿음을 설명하는 구절이다. 바울은 데살로니가 교회가 믿음, 사랑, 소망을 가졌다고 칭찬한다. 추상적인 성질의 이러한 모습을 그가 어떻게 알았을까? 바울은 데살로니가 교회를 섬기면서 그들의 삶에서 '믿음의 역사'와 '사랑의 수고'와 '소망의 인내'를 보았다. 그래서 데살로니가 교회를 생각하면 이것이 떠올랐던 것이다. **믿음의 역사.** 실제적으로 무엇인가를 만들어 내는 생산적인 일을 말한다. 데살로니가 교회가 말로만 믿는다고 말하는 것이 아니라 예수 그리스도를 믿지 않았으면 하지 않았을 일을 하고, 예수 그리스도를 믿기 때문에 일을 하는 방식이 달라졌다는 의미다. 예수님을 신뢰하며 주인으로 받아들이는 믿음을 가지면 그가 하는 일이 바뀌고 혹 겉모양은 같아도 그것을 하는 방식이 바뀐다. 그것을 보았던 것이다. **사랑의 수고.** 예수님을 사랑하기 때문에 데살로니가 교회가 일을 하면서 수고스러워도 한다는 의미다. 예수님을 사랑하여 사랑이 동기가 되어 일하는 것이기 때문에 아무리 힘들어도 참아낸다. 아파도 참으며 하고 고생스러워도 힘을 다하여 일한다. 사랑하지 않으면 어찌 힘든 일을 할 수 있을까? 사랑하니 힘들어도 한다. **소망의 인내.** 소망 때문에 그가 걷고 있는 길을 확고하게 걸어간다는 의미다. 소망 없는 사람들은 일을 하다 힘들면 멈추지만 데살로니가 교인들은 그리스도 안에서 큰 소망을 보고 있었기 때문에 버텼다. 진짜 소망을 가진 사람은 오늘 어떤 일도 버티고 이겨낸다. 힘들었던 모든 것이 미래에 보상될 것을 잘 알기 때문이다. 소망이 확실하면 오늘 힘든 것은 문제가 되지 않는다.

4 하나님의 사랑하심을 받은 형제들아 너희를 택하심을 아노라
4 Our brothers and sisters, we know that God loves you and has chosen you to be his own.

1:4 너희를 택하심을 아노라. 택하심은 하나님이 하시는 것이다. 그런데 바울은 왜 이렇게 확신하며 말하고 있을까? 데살로니가 교인들의 모습이 참 믿음을 가진 모습이었기 때문이다. 그래서 감사하고 또 감사하고 있다.

5 이는 우리 복음이 너희에게 말로만 이른 것이 아니라 또한 능력과 성령과 큰 확신으로 된 것임이라 우리가 너희 가운데서 너희를 위하여 어떤 사람이 된 것은 너희가 아는 바와 같으니라
5 For we brought the Good News to you, not with words only, but also with power and the Holy Spirit, and with complete conviction of its truth. You know how we lived when we were

with you; it was for your own good.

1:5 말로만 이른 것이 아니라 또한 능력과 성령과 큰 확신으로 된 것임이라. 바울은 자신의 일행이 데살로니가에 복음을 전할 때 단순히 말만이 아니라 '능력과 성령과 큰 확신'으로 전하였다고 말한다. 그것이 믿음의 본질이다. 껍데기 복음을 전한 것이 아니라 참된 복음을 전하였기 때문에 그것을 듣고 행동하고 있는 데살로니가 교회도 참된 믿음을 가지고 있음을 말한다.

6 또 너희는 많은 환난 가운데서 성령의 기쁨으로 말씀을 받아 우리와 주를 본받은 자가 되었으니
6 You imitated us and the Lord; and even though you suffered much, you received the message with the joy that comes from the Holy Spirit.

1:6 우리와 주를 본받은 자가 되었으니. 말과 행동을 따라하면서 본받았다는 말이다. 특별히 무엇을 본받았다고 칭찬하고 있을까? **환난 가운데서 성령의 기쁨으로 말씀을 받아.** 환난이 있으면 아파서 원망이 나오고 말씀에 불순종하기 쉬운데 여전히 기뻐하면서 믿음의 길을 멈추지 않고 갔다는 말이다. 환난 가운데서도 기뻐하며 복음을 전한 바울과 그 일행을 본받아 성령이 주시는 기쁨으로 그 환난을 대하고 기쁨으로 말씀을 순종하였다고 말한다.

7 그러므로 너희가 마게도냐와 아가야에 있는 모든 믿는 자의 본이 되었느니라
7 So you became an example to all believers in Macedonia and Achaia.

1:7 믿는 자의 본이 되었느니라. '마게도냐'는 그리스 북부 지역이고, '아가야'는 바울이 지금 있는 고린도를 포함한 그리스 남부 지역이다. 데살로니가 교인들이 다른 지역의 신앙인들에게 '본' 즉 샘플, 패턴, 모델, 본보기가 되었다고 말한다. 1년 된 교인이 다른 사람들의 신앙의 모범이 되었다. 얼마나 아름다운가? 그래서 바울은 감사하였다.

8 주의 말씀이 너희에게로부터 마게도냐와 아가야에만 들릴 뿐 아니라 하나님을 향하는 너희 믿음의 소문이 각처에 퍼졌으므로 우리는 아무 말도 할 것이 없노라
9 그들이 우리에 대하여 스스로 말하기를 우리가 어떻게 너희 가운데에 들어갔

는지와 너희가 어떻게 우상을 버리고 하나님께로 돌아와서 살아 계시고 참되신
하나님을 섬기는지와

8 For not only did the message about the Lord go out from you throughout Macedonia and
Achaia, but the news about your faith in God has gone everywhere. There is nothing, then,
that we need to say.
9 All those people speak about how you received us when we visited you, and how you
turned away from idols to God, to serve the true and living God

1:9 너희가 어떻게 우상을 버리고 하나님께로 돌아와서 살아 계시고 참되신 하나님을 섬기는지. 데살로니가 교회는 미적거리지 않았다. 그들은 창조주 하나님을 알게 되었을 때 바로 우상을 버리고 창조주 하나님께 돌아섰다. 창조주 하나님을 믿는다고 하면서 여전히 과거의 우상에 매여 있는 것은 어리석은 일이다.

10 또 죽은 자들 가운데서 다시 살리신 그의 아들이 하늘로부터 강림하실 것을
너희가 어떻게 기다리는지를 말하니 이는 장래의 노하심에서 우리를 건지시는
예수시니라

10 and to wait for his Son to come from heaven—his Son Jesus, whom he raised from death
and who rescues us from God's anger that is coming.

1:10 그의 아들이 하늘로부터 강림하실 것을 너희가 어떻게 기다리는지를 말하니. 데살로니가 교회는 무엇보다 예수님의 재림을 갈망하면서 살았다. 재림을 기다리며 갈망하는 것은 모든 신앙인의 기본이다. 그런데 데살로니가 교회는 재림을 조금 더 많이 이야기하고 조금 더 많이 갈망하였던 같다. 그래서 데살로니가서는 재림 신앙에 대해 어떤 것보다 더 많이 이야기한다. 예수님의 재림은 바울 일행이 갈망하는 것이기도 하였다.

2장

1 형제들아 우리가 너희 가운데 들어간 것이 헛되지 않은 줄을 너희가 친히 아
나니

1 Our brothers and sisters, you yourselves know that our visit to you was not a failure.

2:1 헛되지 않은 줄을 너희가 친히 아나니. '헛되지(헬. 케노스)'는 '거짓된' 또는 '효과적

인’ 등의 의미를 가지고 있다. 데살로니가전서의 내용이 논쟁적이지 않기 때문에 ‘효과적인’으로 번역하는 것이 좋을 것 같다.

바울은 자신이 데살로니가에서 복음을 전한 것이 효과적이지 못한 것이 아니라 성공적이었다고 말한다. 상황은 어려웠으나 그 복음이 데살로니가에 교회를 세웠다. 데살로니가 교회는 영원한 생명을 얻었다. 얼마나 놀라운 결과인가?

2 너희가 아는 바와 같이 우리가 먼저 빌립보에서 고난과 능욕을 당하였으나 우리 하나님을 힘입어 많은 싸움 중에 하나님의 복음을 너희에게 전하였노라

2 You know how we had already been ill-treated and insulted in Philippi before we came to you in Thessalonica. And even though there was much opposition, our God gave us courage to tell you the Good News that comes from him.

2:2 우리가 먼저 빌립보에서 고난과 능욕을 당하였으나. 바울 일행은 빌립보에서 복음을 전하다가 감옥에 갇혔고 채찍질을 당하기도 하였다. 그렇게 힘들었는데도 바울 일행은 멈추지 않고 데살로니가에 가서 복음을 또 전하였다. 왜 그럴까?

하나님의 복음을 너희에게 전하였노라. 그것이 복음이기 때문이다. 가장 기쁜 소식이다. 모든 영혼을 살리는 하나님 나라 복음이다. 또한 그 복음을 계획하고 전하게 하시는 주체가 하나님이기 때문이다. 복음은 사람의 사적인 이익을 위해 전하는 것이 아니다. 세상을 구원하고자 하시는 하나님의 놀라운 사랑과 힘을 전한다. 그래서 사람의 방해와 핍박이 바울 일행을 막지 못하였다.

3 우리의 권면은 간사함이나 부정에서 난 것이 아니요 속임수로 하는 것도 아니라
4 오직 하나님께 옳게 여기심을 입어 복음을 위탁 받았으니 우리가 이와 같이 말함은 사람을 기쁘게 하려 함이 아니요 오직 우리 마음을 감찰하시는 하나님을 기쁘시게 하려 함이라

3 Our appeal to you is not based on error or impure motives, nor do we try to trick anyone.
4 Instead, we always speak as God wants us to, because he has judged us worthy to be entrusted with the Good News. We do not try to please people, but to please God, who tests our motives.

2:4 복음을 위탁 받았으니. 복음을 전하는 사람이 된 것은 영광스러운 일이다. 바울 일행은 복음을 전할 수 있는 것 자체를 영광스럽게 생각하였다. 하나님의 복음이기 때문이다.

사람을 기쁘게 하려 함이 아니요…하나님을 기쁘시게 하려 함이라. 하나님의 복음이기 때문에 하나님께서 기뻐하시는 방식으로 전해야 한다. 그래서 사람들이 더 잘 받아들이는 방식이 아니라 하나님께서 전하고자 하시는 방식으로 전하였다.

5 너희도 알거니와 우리가 아무 때에도 아첨하는 말이나 탐심의 탈을 쓰지 아니한 것을 하나님이 증언하시느니라
5 You know very well that we did not come to you with flattering talk, nor did we use words to cover up greed—God is our witness!

2:5 아첨하는 말이나 탐심의 탈을 쓰지 아니한 것. 바울 일행은 복음을 전할 때 듣는 사람에게 맞추지 않았다. 자기 자신들의 탐심에도 맞추지 않았다. 하나님께서 주시는 하나님의 복음이기에 오직 하나님께 맞추어 전하였다.

6 또한 우리는 너희에게서든지 다른 이에게서든지 사람에게서는 영광을 구하지 아니하였노라
6 We did not try to get praise from anyone, either from you or from others,

2:6 사람에게서는 영광을 구하지 아니하였노라. 바울 일행은 복음을 전할 때 사람의 칭찬이 아니라 하나님의 칭찬받기를 원하였다. 하나님의 복음이니 하나님께 칭찬을 받는 것이 마땅하다.

7 우리는 그리스도의 사도로서 마땅히 권위를 주장할 수 있으나 도리어 너희 가운데서 유순한 자가 되어 유모가 자기 자녀를 기름과 같이 하였으니
7 even though as apostles of Christ we could have made demands on you. But we were gentle when we were with you, like a mother taking care of her children.

2:7 유순한 자. 더 좋은 사본에서는 '어린 아이'로 되어 있다. '유순한'으로 되어 있는 사본은 뒤의 구절에서 '유모'로 비유하고 있기 때문에 어색하여 '유순한'으로 고쳐진 것 같다. 그러나 바울은 여기에서 자신을 두 이미지로 비유한 것이다. '어린 아이'와 '유모'다.
먼저 어린아이처럼 참으로 힘 없는 모습이다. 그는 사람들에게 권위를 가진 사람이 아니라 어린아이처럼 아무 힘이 없는 모습으로 있었다. 하나님의 복음을 위해서다. **유**

모가 자기 자녀를 기름과 같이. 유모처럼 너그럽게 복음을 전하였다는 것이다. 바울 일행은 사람들에게 받는 모든 영광을 포기하였다.

8 우리가 이같이 너희를 사모하여 하나님의 복음뿐 아니라 우리의 목숨까지도 너희에게 주기를 기뻐함은 너희가 우리의 사랑하는 자 됨이라
8 Because of our love for you we were ready to share with you not only the Good News from God but even our own lives. You were so dear to us!

2:8 우리의 목숨까지도 너희에게 주기를 기뻐함은. 바울은 그 일행이 데살로니가 사람들에게 무엇을 받고자 한 것이 아니라 오히려 목숨까지 주고자 하면서 하나님의 복음을 전하였다고 말한다. 그들이 무엇을 받고자 그들에게 간 것이 아니라 하나님의 복음을 주고자 갔기 때문이다. 그들이 그렇게 하는 것은 그들이 얻고자 하는 것은 사람의 칭찬이 아니라 하나님의 칭찬이기 때문이다.

9 형제들아 우리의 수고와 애쓴 것을 너희가 기억하리니 너희 아무에게도 폐를 끼치지 아니하려고 밤낮으로 일하면서 너희에게 하나님의 복음을 전하였노라
9 Surely you remember, our brothers and sisters, how we worked and toiled! We worked day and night so that we would not be any trouble to you as we preached to you the Good News from God.

2:9 수고. '수고(헬. 코포스)'는 1장 3절에 나온 '사랑의 수고'와 같은 단어다. 그가 '밤낮으로 일(돈을 벌기 위한 육체적 노동)'한 것은 사랑으로 하는 수고였다. **밤낮으로 일하면서.** '일(헬. 에르가조마이)'은 1장 3절의 '믿음의 역사'에서 '역사'와 같은 단어다. 바울 일행은 믿음에서 나오는 일과 사랑에서 나오는 수고를 하며 하나님의 복음을 전하였다.

10 우리가 너희 믿는 자들을 향하여 어떻게 거룩하고 옳고 흠 없이 행하였는지에 대하여 너희가 증인이요 하나님도 그러하시도다
11 너희도 아는 바와 같이 우리가 너희 각 사람에게 아버지가 자기 자녀에게 하듯 권면하고 위로하고 경계하노니
12 이는 너희를 부르사 자기 나라와 영광에 이르게 하시는 하나님께 합당히 행하게 하려 함이라
10 You are our witnesses, and so is God, that our conduct towards you who believe was

pure, right, and without fault.
11 You know that we treated each one of you just as a father treats his own children.
12 We encouraged you, we comforted you, and we kept urging you to live the kind of life
that pleases God, who calls you to share in his own Kingdom and glory.

2:12 하나님께 합당히 행하게 하려. 믿음 소망 사랑을 실제적으로 배우고 익히고 전하는 과정을 통해 '하나님께 합당히 행하는 사람' 즉 하나님께 속한 사람이 된다. 그러면 우리는 '자기 나라와 영광에 이르게 하시는' 사람이 된다.

이는 너희를 부르사. 우리를 부르신 분은 하나님이다. 하나님께서 우리를 부르시고 훈련시키시는 것은 영원한 하나님의 나라와 그 찬란한 영광에 참여하는 자가 되도록 하는 것이다. 하나님께서 주시는 영광은 하나님의 나라에서 누리게 될 영원한 영광이다.

13 이러므로 우리가 하나님께 끊임없이 감사함은 너희가 우리에게 들은 바 하나님의 말씀을 받을 때에 사람의 말로 받지 아니하고 하나님의 말씀으로 받음이니 진실로 그러하도다 이 말씀이 또한 너희 믿는 자 가운데에서 역사하느니라
13 And there is another reason why we always give thanks to God. When we brought you God's message, you heard it and accepted it, not as a message from human beings but as God's message, which indeed it is. For God is at work in you who believe.

2:13 하나님의 말씀을 받을 때에 사람의 말로 받지 아니하고 하나님의 말씀으로 받음이니. 분명 사람이 전하는 것이었으나 데살로니가 교인들은 하나님의 말씀으로 받았다. 바울 일행이 하나님의 말씀을 전하였기 때문이다.

하나님의 말씀을 설교나 다양한 방식으로 사람들이 전한다. 그런데 하나님의 말씀은 설교 시간에 전한다거나 단순히 성경을 인용한다고 되는 것이 아니다. 말씀의 의미와 의도를 잘 전달해야 하나님의 말씀이 된다. 하나님의 말씀은 하나님을 대변한다. 그래서 하나님의 말씀을 잘 듣고 전하는 것이 필요하다.

이 말씀이 또한 너희 믿는 자 가운데에서 역사하느니라. 하나님의 말씀은 하나님의 역사를 만들어 낸다. 그러기에 전하는 사람이나 듣는 사람이나 '사람의 말'이 아니라 '하나님의 말씀'이 되게 하는 것이 중요하다.

14 형제들아 너희가 그리스도 예수 안에서 유대에 있는 하나님의 교회들을 본받은 자 되었으니 그들이 유대인들에게 고난을 받음과 같이 너희도 너희 동족에게서 동일한 고난을 받았느니라
14 Our brothers and sisters, the same things happened to you that happened to the

churches of God in Judea, to the people there who belong to Christ Jesus. You suffered the same persecutions from your own people that they suffered from the Jews,

2:14 그들이 유대인들에게 고난을 받음과 같이 너희도 너희 동족에게서 동일한 고난을 받았느니라. 하나님의 말씀 때문에 바울 일행은 그들의 동족인 유대인들 안에서 고난을 받았다. 또한 데살로니가 교회도 말씀을 지키고자 할 때 자신들의 동족에게 고난을 받았다.

그들은 바울이 전하는 것을 바울의 복음이 아니라 하나님의 복음으로 들었고, 하나님이 주시는 가치를 믿었기에 세상의 가치 판단(영광이나 고난)를 넘을 수 있었다.

15 유대인은 주 예수와 선지자들을 죽이고 우리를 쫓아내고 하나님을 기쁘시게 하지 아니하고 모든 사람에게 대적이 되어
16 우리가 이방인에게 말하여 구원받게 함을 그들이 금하여 자기 죄를 항상 채우매 노하심이 끝까지 그들에게 임하였느니라
17 형제들아 우리가 잠시 너희를 떠난 것은 얼굴이요 마음은 아니니 너희 얼굴 보기를 열정으로 더욱 힘썼노라

15 who killed the Lord Jesus and the prophets, and persecuted us. How displeasing they are to God! How hostile they are to everyone!
16 They even tried to stop us from preaching to the Gentiles the message that would bring them salvation. In this way they have brought to completion all the sins they have always committed. And now God's anger has at last come down on them!
17 As for us, brothers and sisters, when we were separated from you for a little while—not in our thoughts, of course, but only in body—how we missed you and how hard we tried to see you again!

2:17 형제들아 우리가 잠시 너희를 떠난 것은 얼굴이요. '떠난 것(헬. 아포르파니조)'은 조금 독특한 단어로 직역은 '고아를 만들다'라는 의미다. '강한 분리'의 의미로 부모와 자녀 또는 연인이 서로 분리되는 경우도 사용된다. 이것이 수동태로 쓰였다. 여기에서는 박해로 분리된 것을 의미한다. 그러나 아무리 그렇게 억지로 데살로니가를 떠나게 되었지만 마음은 여전히 그들과 함께하고 있음을 말한다.

18 그러므로 나 바울은 한번 두번 너희에게 가고자 하였으나 사탄이 우리를 막았도다
18 We wanted to return to you. I myself tried to go back more than once, but Satan would not let us.

2:18 나 바울은 한번 두번 너희에게 가고자 하였으나. 바울은 2차 전도여행 중이다. 그의 전도는 보통 돌아가지 않았다. 그러나 그는 데살로니가 교회의 심각한 고난을 생각하며 돌아가서 돕고자 하는 마음을 가졌다. 그러나 상황이 그렇게 되지 않았다.

19 우리의 소망이나 기쁨이나 자랑의 면류관이 무엇이냐 그가 강림하실 때 우리 주 예수 앞에 너희가 아니냐
19 After all, it is you—you, no less than others!—who are our hope, our joy, and our reason for boasting of our victory in the presence of our Lord Jesus when he comes.

2:19 우리의 소망이나 기쁨이나 자랑의 면류관이 무엇이냐. 수사적 질문이다. 답은 '데살로니가 교회'다. 데살로니가 교회가 복음의 길을 잘 가고 있는 것이 바울은 너무나 기뻤다. '면류관(헬. 스테파노스)'은 초대 교회 일곱 사역자 중 스데반을 생각나게 한다. 그는 순교하였다. 그러나 그는 자신의 이름대로 하늘의 면류관을 받을 것이 명백하다. 이 땅에서의 고난은 주님 오실 때 우리의 면류관이 될 것이다. 그리고 이 땅에서 우리가 복음을 전한 사람들도 우리의 면류관이 될 것이다. 자신 때문에 복음을 처음 믿게 된 사람, 하나님 나라를 더 잘 살게 된 사람들을 생각해 보라. 그들은 모두 자신의 면류관이 될 것이다.
그가 강림하실 때. 바울은 계속 주님의 재림을 생각하고 있다. 그것을 말하고 있다. 주님의 재림 때에 진실이 드러날 것이기 때문이다. 지금은 진실이 가려져 있고 고난을 받음으로 마치 진리가 진리가 아닌 것처럼 보이기도 하지만 주님 재림하시면 진실이 다 드러날 것이다.

20 너희는 우리의 영광이요 기쁨이니라
20 Indeed, you are our pride and our joy!

2:20 우리의 영광이요. 데살로니가 교회가 믿음의 길을 잘 가는 것이 바울에게는 참으로 자랑스러웠고 기뻤다. 오늘 내가 복음의 길을 가는 것은 나에게 복음을 처음 전한 사람에게 영광이 될 것이다. 나를 위해 기도하는 사람들에게 기쁨이 될 것이다. 내가 비록 오늘 세상에서 고난을 받아 아픔을 겪고 있어도 세상에 타협하지 않고 복음의 길을 진실하게 걸어가고 있다면 하나님과 다른 사람들에게 영광과 기쁨이 된다.

3장

1 이러므로 우리가 참다 못하여 우리만 아덴에 머물기를 좋게 생각하고
2 우리 형제 곧 그리스도의 복음을 전하는 하나님의 일꾼인 디모데를 보내노니
이는 너희를 굳건하게 하고 너희 믿음에 대하여 위로함으로
1 Finally, we could not bear it any longer. So we decided to stay on alone in Athens
2 while we sent Timothy, our brother who works with us for God in preaching the Good
News about Christ. We sent him to strengthen you and help your faith,

3:2 디모데를 보내노니 이는 너희를 굳건하게 하고. 데살로니가 교회의 환난을 들은
바울 일행은 고민하다가 디모데를 파송하였다. 바울과 실라보다 디모데를 데살로니
가 교회에 보내는 것이 적대자의 눈에 덜 드러날 것이다. 아덴에서 데살로니가까지는
350km정도 된다. 육로로 간다면 11일 정도 걸리는 거리다.

3 아무도 이 여러 환난 중에 흔들리지 않게 하려 함이라 우리가 이것을 위하여
세움 받은 줄을 너희가 친히 알리라
4 우리가 너희와 함께 있을 때에 장차 받을 환난을 너희에게 미리 말하였는데
과연 그렇게 된 것을 너희가 아느니라
3 so that none of you should turn back because of these persecutions. You yourselves know
that such persecutions are part of God's will for us.
4 For while we were still with you, we told you beforehand that we were going to be
persecuted; and as you well know, that is exactly what happened.

3:4 너희와 함께 있을 때에 장차 받을 환난을 너희에게 미리 말하였는데. 신앙인의 길을
갈 때 환난이 있다. 때로는 필수라고 할 수 있다. 세상에서 진리를 지키는 것이 결코
쉽지 않기 때문이다. 그래서 바울은 이미 환난을 받을 수 있음을 가르쳤다.
예수님께서 먼저 환난의 길을 가셨다. 바울 일행도 환난의 길을 가고 있었다. 전도하
기 위해 도시를 방문할 때마다 환난을 많이 겪었다.
데살로니가 성도에게 환난에 대해 가르쳤다. 그러나 환난이 실제로 닥치면 힘들다. 우
리 안에 연약함이 있기 때문이다. 그래서 큰 환난을 당하고 있는 데살로니가 교회가
흔들리지 않게 디모데를 보냈다. 교회에 환난이 있다. 환난의 때에 성도의 마음이 약
해지는 것 또한 당연하다. 마음이 약해지는 것을 알기 때문에 바울 일행은 디모데를
데살로니가에 급히 보냈다. 그러나 분명한 것은 신앙은 그러한 환난을 이겨야 한다는
사실이다.

5 이러므로 나도 참다 못하여 너희 믿음을 알기 위하여 그를 보내었노니 이는 혹 시험하는 자가 너희를 시험하여 우리 수고를 헛되게 할까 함이니

5 That is why I had to send Timothy. I could not bear it any longer, so I sent him to find out about your faith. Surely it could not be that the Devil had tempted you and all our work had been for nothing!

3:5 시험하는 자가 너희를 시험하여 우리 수고를 헛되게 할까 함이니. 악한 영은 환난의 때에 우리의 믿음을 파고든다. 우리가 전능한 분을 향한 믿음을 가졌는데 왜 환난을 당하느냐고 말한다. 전능하신 하나님은 없다고 속삭인다.

사실 그러한 시험은 말 그대로 시험일 뿐이다. 환난은 믿음이 없는 사람에게는 역풍이 될 것이다. 좌초하게 만든다. 그러나 믿음이 있는 사람에게는 순풍이다. 믿음의 길을 더 잘 가게 할 것이다. 환난이라는 바람을 어떻게 이용하느냐에 달렸다. 환난은 그 자체가 우리를 결코 어떻게 할 수 없다. 단지 시험하고 유혹할 뿐이다. 우리는 그것에 넘어가지 말아야 한다. 그래서 바울 일행은 디모데를 보낸 것이다. 환난을 없애기 위함이 아니라 잘 대처하도록 보냈다. 우리도 말씀을 더 잘 보아야 한다. 말씀이 말하는 환난에 대해 알아야 한다.

6 지금은 디모데가 너희에게로부터 와서 너희 믿음과 사랑의 기쁜 소식을 우리에게 전하고 또 너희가 항상 우리를 잘 생각하여 우리가 너희를 간절히 보고자 함과 같이 너희도 우리를 간절히 보고자 한다 하니

6 Now Timothy has come back, and he has brought us the welcome news about your faith and love. He has told us that you always think well of us and that you want to see us just as much as we want to see you.

3:6 디모데가 너희에게로부터 와서 너희 믿음과 사랑의 기쁜 소식을 우리에게 전하고. 디모데는 왕복 시간과 데살로니가 체류까지 생각하면 약 한 달 만에 돌아왔을 것이다. 디모데가 돌아와 데살로니가 교회가 환난에 넘어지지 않고 오히려 믿음과 사랑이 자라가고 있다는 기쁜 소식을 전하였다.

7 이러므로 형제들아 우리가 모든 궁핍과 환난 가운데서 너희 믿음으로 말미암아 너희에게 위로를 받았노라
8 그러므로 너희가 주 안에 굳게 선즉 우리가 이제는 살리라

7 So, in all our trouble and suffering we have been encouraged about you, brothers and sisters. It was your faith that encouraged us,

3:8 우리가 이제는 살리라. 영어로는 이해가 어려운데 한국인들은 이것이 이해가 쉬울 것 같다. 자주 쓰는 말이기 때문이다. 이전에는 데살로니가 교회가 환난 때문에 믿음에서 멀어질까봐 염려가 가득해서 잠도 안 오고 죽을만큼 힘들었는데 데살로니가 교회가 잘 이기고 있다는 소식에 이제야 살 것 같다는 표현이다.

데살로니가 교회에 환난이 있다는 소식에 바울 일행은 많은 염려를 하였다. 환난 때문이 아니다. 환난으로 아픈 상태에 있는 것이 걱정이었을 것이다. 그러나 더욱더 걱정이 되는 것은 환난으로 인하여 믿음에서 멀어지는 것이었다. 그래서 환난은 있으나 믿음에서 멀어지지 않았다는 것을 알았을 때 안도하였다.

9 우리가 우리 하나님 앞에서 너희로 말미암아 모든 기쁨으로 기뻐하니 너희를 위하여 능히 어떠한 감사로 하나님께 보답할까
10 주야로 심히 간구함은 너희 얼굴을 보고 너희 믿음이 부족한 것을 보충하게 하려 함이라
11 하나님 우리 아버지와 우리 주 예수는 우리 길을 너희에게로 갈 수 있게 하시오며
12 또 주께서 우리가 너희를 사랑함과 같이 너희도 피차간과 모든 사람에 대한 사랑이 더욱 많아 넘치게 하사

3:12 바울 일행은 11절-13절에서 기도로 3가지를 요청한다. 첫번째는 지금 계속 말하고 있는 것처럼 그들이 다시 데살로니가 교회를 방문할 수 있게 되는 것이다. 그리고 12절이 두 번째 요청이다.

너희도 피차간과 모든 사람에 대한 사랑이 더욱 많아 넘치게 하사. 바울은 데살로니가 교회가 사랑이 넘치기를 기도하고 있다. 교회 안에서만 아니라 그들의 환난의 원인이 되는 다른 사람들을 향해서도 사랑하는 마음을 놓치지 않기를 기도하고 있다.

사랑을 놓치면 모든 것을 놓친다. 환난 때문에 환난을 주는 사람을 미워한다면 그것

은 시험에 빠진 것이다. 믿음을 놓친 것이다. 그러니 환난이 있어도 사랑을 놓치지 말기를 기도하고 있다.

13 너희 마음을 굳건하게 하시고 우리 주 예수께서 그의 모든 성도와 함께 강림하실 때에 하나님 우리 아버지 앞에서 거룩함에 흠이 없게 하시기를 원하노라
13 In this way he will strengthen you, and you will be perfect and holy in the presence of our God and Father when our Lord Jesus comes with all who belong to him.

3:13 강림하실 때에 하나님 우리 아버지 앞에서 거룩함에 흠이 없게 하시기를. 예수님이 재림하실 때 거룩한 사람으로 드러나기를 기도하고 있다. 주님의 재림은 심판을 동반한다. 그러기에 신앙인이 주님의 재림을 기다린다면 그때까지 더 많은 거룩을 이루어 가기 위해 힘을 다해야 한다.
환난이 있다고 거룩을 포기하면 안 된다. 환난이 있어도 여전히 거룩을 위해 더욱더 힘을 다해야 한다.

4장

1 그러므로 형제들아 우리가 끝으로 주 예수 안에서 너희에게 구하고 권면하노니 너희가 마땅히 어떻게 행하며 하나님을 기쁘시게 할 수 있는지를 우리에게 배웠으니 곧 너희가 행하는 바라 더욱 많이 힘쓰라
1 Finally, our brothers and sisters, you learnt from us how you should live in order to please God. This is, of course, how you have been living. And now we beg and urge you in the name of the Lord Jesus to do even more.

4:1 마땅히 어떻게 행하며 하나님을 기쁘시게 할 수 있는지를 우리에게 배웠으니. 데살로니가 교회는 이제 그들이 가야 하는 길을 보아야 한다. 그것이 중요하다. 하나님의 백성에게는 하나님께서 주시는 길이 있다. 하나님께서 기뻐하시는 길이 있다.
너희가 행하는 바라 더욱 많이 힘쓰라. 바울은 데살로니가 교회가 지금 그 길을 잘 가고 있다고 말한다. 그러나 또한 더욱 힘써야 한다고 말한다. 믿음의 길은 매우 풍성하다. '적당히' 가려고 하지 말아야 한다. 풍성함을 이루면 이룰수록 더 복되다. 그러기에 지금 아무리 잘 가고 있어도 더욱 힘써 행하는 것이 좋다.

2 우리가 주 예수로 말미암아 너희에게 무슨 명령으로 준 것을 너희가 아느니라
3 하나님의 뜻은 이것이니 너희의 거룩함이라 곧 음란을 버리고
2 For you know the instructions we gave you by the authority of the Lord Jesus.
3 God wants you to be holy and completely free from sexual immorality.

4:3 하나님의 뜻은 이것이니 너희의 거룩함이라. 믿음으로 산다는 것은 하나님의 뜻을 따라 사는 것이다. 우리는 모든 방면에 있어 하나님의 뜻을 찾고 뜻을 따라 살아야 한다. 하나님의 뜻을 행하는 구체적인 측면으로 오늘 본문은 '거룩'을 말한다.

4 각각 거룩함과 존귀함으로 자기의 아내 대할 줄을 알고
4 Each of you men should know how to live with his wife in a holy and honourable way,

4:4 아내. '아내(헬. 스케우오스)'의 직역은 '그릇'이다. 이것을 '아내'나 '몸' 등으로 번역할 수 있다. '성기'에 대한 유화적 표현일 수도 있다. '아내'보다는 '몸'으로 번역하는 것이 더 좋을 것 같다.
이 구절은 우리가 이루어 가야할 거룩 중에서도 성적인 거룩에 대해 이야기한다. 우리는 자신의 몸을 거룩함과 존귀함으로 사용해야 한다. 자신의 몸을 함부로 사용하면 안 된다. 하나님의 형상을 가진 존재로 자신을 존귀하게 대하고 거룩하게 하는 것이 하나님을 기쁘시게 하는 것이다.

5 하나님을 모르는 이방인과 같이 색욕을 따르지 말고
6 이 일에 분수를 넘어서 형제를 해하지 말라 이는 우리가 너희에게 미리 말하고 증언한 것과 같이 이 모든 일에 주께서 신원하여 주심이라
7 하나님이 우리를 부르심은 부정하게 하심이 아니요 거룩하게 하심이니
8 그러므로 저버리는 자는 사람을 저버림이 아니요 너희에게 그의 성령을 주신 하나님을 저버림이니라
9 형제 사랑에 관하여는 너희에게 쓸 것이 없음은 너희들 자신이 하나님의 가르치심을 받아 서로 사랑함이라
5 not with a lustful desire, like the heathen who do not know God.
6 In this matter, then, no man should do wrong to his fellow-Christian or take advantage of him. We have told you this before, and we strongly warned you that the Lord will punish those who do that.
7 God did not call us to live in immorality, but in holiness.
8 So then, whoever rejects this teaching is not rejecting a human being, but God, who gives you his Holy Spirit.
9 There is no need to write to you about love for your fellow-believers. You yourselves have

been taught by God how you should love one another.

4:9 하나님께서 기뻐하시는 삶이 무엇일까? '형제 사랑'이다. 이것은 보편적 인류애를 말하는 것이 아니라 믿음의 길을 가는 형제를 사랑하는 것을 말한다. 믿음의 형제를 사랑하는 것은 복음과 직접적으로 관련되기 때문에 중요하다.

10 너희가 온 마게도냐 모든 형제에 대하여 과연 이것을 행하도다 형제들아 권하노니 더욱 그렇게 행하고
10 And you have, in fact, behaved like this towards all the brothers and sisters in all Macedonia. So we beg you, our brothers and sisters, to do even more.

4:10 온 마게도냐 모든 형제에 대하여 과연 이것을 행하도다. 데살로니가는 마게도냐의 수도다. 데살로니가 교회가 인근의 다른 교회를 경제적으로 도운 것으로 보인다.

11 또 너희에게 명한 것 같이 조용히 자기 일을 하고 너희 손으로 일하기를 힘쓰라
11 Make it your aim to live a quiet life, to mind your own business, and to earn your own living, just as we told you before.

4:11 조용히 자기 일을 하고. '조용히'가 무엇을 의미하는지 다양한 해석이 가능하다. 이것이 교회 안을 향한 것인지 밖을 향한 것인지도 불분명하다.
'교회 안'의 일을 말한다면 교회 안에서 불화를 일으키는 말을 하지 말라는 말이다. 어떤 사람은 일을 하지 않고 말만 한다. 어떤 사람은 일을 잘하는데 말로 다 까먹는다. '나는 이렇게 하는데 왜 당신은 이렇게 하지 않느냐'고 말하지 말고 자신의 길을 묵묵히 가는 것이 귀한 모습이다.
'교회 밖'의 사람을 대상으로 한다면 데살로니가 지역의 정치에 참여하지 말라는 말이다. 재판관이나 정치 등의 잘 나가는 자리에 참여하지 말하는 말이다. 그러한 것에 참여하면 참 많은 말을 해야 한다. 환난의 때는 교회를 변호하기 위해 더 많이 말을 해야 할 것이다. 그 시대 문헌을 보면 그렇게 말 많이 하는 곳이 아니라 조용히 있는 곳을 선택할 때 그것을 고귀함으로 말하기도 한다.
'일을 하고'도 다양한 해석이 가능하다. 당시의 후원에 대한 이야기일 것 같다. 당시는 일을 천시하는 문화를 가지고 있었다. 그래서 똑똑한 사람은 일을 하지 않고 말로 먹고 살았다. 대신 일하는 사람이 후원하였다. 그것의 부작용이 나타나고 있었다. 교회

밖의 문화가 그러하다 보니 교회 안에서도 이런 문화가 만연할 수 있다. 그것을 경계하고 있다. '말하는 사람'이 아니라 '일하는 사람'이 잘 사랑하고 있는 것이다.

12 이는 외인에 대하여 단정히 행하고 또한 아무 궁핍함이 없게 하려 함이라
12 In this way you will win the respect of those who are not believers, and you will not have to depend on anyone for what you need.

4:12 외인에 대하여 단정히 행하고. '외인'은 믿지 않는 사람을 의미한다. 믿지 않는 사람에게 인정받는 바른 삶에 대해 말한다. 기독교에 대한 이야기가 말 좋아하는 사람의 새로운 이야기 거리가 되거나, 그들의 호구지책이 되면 안 된다. 믿음은 그들의 생명이 되어야 한다. 그것을 위해 손해보고 더 수고하는 모습이어야 한다. 그래서 믿음을 위해 더 낮아지고 열심히 일을 함으로 다른 사람들이 볼 때 존경스러운 사람이 되어야 한다는 것을 말하고 있는 것이다.

궁핍함이 없게 하려 함이라. 믿는 사람이 외부의 도움을 의지하여 살거나 교회 안의 다른 지원에 의존하여 산다면 그것은 추한 모습이다. 신앙인은 지원에 의존하지 말아야 한다. 교회는 형제 사랑을 하되 지원에 의존하여 사는 의존형 인간이 되도록 만들면 안 된다. 더 많이 사랑하는 것은 더 많은 의존형 인간을 만드는 것이 아니다. 신앙인은 도움받는 사람이 아니라 존경받는 사람이 되어야 한다. 어떻게든 일하며 사랑해야 한다. 스스로를 궁핍한 자로 만들면 안 된다.

13 형제들아 자는 자들에 관하여는 너희가 알지 못함을 우리가 원하지 아니하노니 이는 소망 없는 다른 이와 같이 슬퍼하지 않게 하려 함이라
13 Our brothers and sisters, we want you to know the truth about those who have died, so that you will not be sad, as are those who have no hope.

4:13 자는 자들에 관하여는 너희가 알지 못함을 우리가 원하지 아니하노니. 데살로니가 교회에 최근에 장례가 있었던 것 같다. 많이 슬펐을 것이다. 죽음의 원인이 병이었을 수도 있지만 어쩌면 순교였을 수도 있다. 어떤 죽음이든 두렵고 떨리고 가슴 아팠을 것이다. 사랑하는 사람의 죽음은 늘 가슴을 미어지게 한다.

소망 없는 다른 이와 같이 슬퍼하지 않게 하려 함이라. '슬퍼하지 않게 하려 함이라'가 아니다. '슬픔이 없다'는 것이 아니라 '다른 슬픔'이라는 의미다. '소망 없는 다른 이와 같이 슬퍼하지 않게'이다. 사랑하는 사람이 죽었을 때 슬퍼하는 것은 당연하다. 아들

이 군대만 가도 눈물을 흘린다. 죽음이 슬프지 않다면 비정상이다. 중요한 것은 소망 없는 사람처럼 슬퍼하면 안 된다는 것이다. 아예 다시 못만나는 것이 아니라 일정 기간 이후에는 반드시 다시 만난다. 그러니 절망의 슬픔이 아니라 아쉬움의 슬픔이어야 한다.

14 우리가 예수께서 죽으셨다가 다시 살아나심을 믿을진대 이와 같이 예수 안에서 자는 자들도 하나님이 그와 함께 데리고 오시리라
14 We believe that Jesus died and rose again, and so we believe that God will take back with Jesus those who have died believing in him.

4:14 예수 안에서 자는 자들도 하나님이 그와 함께 데리고 오시리라. 주님 재림하실 때 죽은 자와 산 자가 모두 함께 만나게 될 것이다. 잠을 자다 일어나서 만나는 것이 자연스러운 것처럼 아주 자연스럽게 만날 것이다.

15 우리가 주의 말씀으로 너희에게 이것을 말하노니 주께서 강림하실 때까지 우리 살아 남아 있는 자도 자는 자보다 결코 앞서지 못하리라
15 What we are teaching you now is the Lord's teaching: we who are alive on the day the Lord comes will not go ahead of those who have died.

4:15 살아 남아 있는 자도 자는 자보다 결코 앞서지 못하리라. 주님 재림하시는 그 순간 살아 있는 자나 이전에 죽은 자가 결코 차이가 없다. '산 자와 죽은 자를 심판하러 오시리라'고 우리가 고백하는 것처럼 산 자와 죽은 자가 전혀 다르지 않다. 모두가 살 것이기 때문이다.

16 주께서 호령과 천사장의 소리와 하나님의 나팔 소리로 친히 하늘로부터 강림하시리니 그리스도 안에서 죽은 자들이 먼저 일어나고
16 There will be the shout of command, the archangel's voice, the sound of God's trumpet, and the Lord himself will come down from heaven. Those who have died believing in Christ will rise to life first;

4:16 주님 오시는 날은 매우 공개적이다. 호령 소리와 나팔 소리 등이 있다. **그리스도 안에서 죽은 자들이 먼저 일어나고.** 이전에 그리스도를 믿는 믿음 가운데 죽었던 사람이 먼저 부활한다는 말씀이다.

17 그 후에 우리 살아 남은 자들도 그들과 함께 구름 속으로 끌어 올려 공중에서 주를 영접하게 하시리니 그리하여 우리가 항상 주와 함께 있으리라

17 then we who are living at that time will be gathered up along with them in the clouds to meet the Lord in the air. And so we will always be with the Lord.

4:17 살아 남은 자들도 그들과 함께 구름 속으로 끌어 올려. '휴거'를 들어보았는가? 옛날에 '휴거'라는 영화가 있었다. 그러나 그것은 성경적 개념이 아니다. 세대주의적 종말론에서 주장하는 개념이다. 성경에서 휴거라고 번역한 유일한 단어는 이 구절을 라틴어 번역 성경에서 '끌어 올려'라는 동사를 명사로 바꾸어서 번역한 것이다. 잘못된 번역이다.

'끌어 올려지는 것'은 영접하기 위해서다. 재림하시는 주님을 맞이하기 위해서이지 하늘에서 살기 위해서 올려지는 것이 아니다. 아마 이 순간이 이 땅에서 사는 사람이 부활하는 순간일 것이다. 우리가 육신을 가지고 있으나 부활한 몸으로 바뀌는 것이다.

우리가 항상 주와 함께 있으리라. 이 땅에 다시 오신 예수님과 이전에 죽은 자나 그때 살아 있는 자나 죽지 않는 부활한 영원한 몸으로 영원히 함께 하게 될 것이다.

18 그러므로 이러한 말로 서로 위로하라

18 So then, encourage one another with these words.

4:18 이러한 말로 서로 위로하라. 부활은 죽음에 대해 위로가 된다. 부활이 없으면 죽음은 참으로 절망적이다. 그러나 부활을 믿는 사람에게는 죽음은 절망이 아니다.

부활을 실제적으로 믿지 않는 사람에게는 위로가 되지 않을 것이다. 부활보다 죽음이 더 크게 다가올 것이다. 그러나 말씀을 진정으로 받아들이는 사람은 부활이 죽음보다 더 크게 다가오기 때문에 위로가 될 것이다. 죽음은 끝이 아니다. 부활하여 다시 만날 것이다.

5장

1 형제들아 때와 시기에 관하여는 너희에게 쓸 것이 없음은
2 주의 날이 밤에 도둑 같이 이를 줄을 너희 자신이 자세히 알기 때문이라

1 There is no need to write to you, brothers and sisters, about the times and occasions when these things will happen.

2 For you yourselves know very well that the Day of the Lord will come as a thief comes at night.

5:2 밤에 도둑 같이 이를 줄. 주님의 재림이 밤에 이루어진다는 말이 아니다. 이것은 아무도 모른다는 것을 의미한다. 갑작스럽다는 것을 포함한다. 도둑이 예고하지 않고 오는 것처럼 주님의 재림도 전혀 예고 없이 오실 것이다.

3 그들이 평안하다, 안전하다 할 그 때에 임신한 여자에게 해산의 고통이 이름과 같이 멸망이 갑자기 그들에게 이르리니 결코 피하지 못하리라
4 형제들아 너희는 어둠에 있지 아니하매 그 날이 도둑 같이 너희에게 임하지 못하리니
3 When people say, "Everything is quiet and safe," then suddenly destruction will hit them! It will come as suddenly as the pains that come upon a woman in labour, and people will not escape.
4 But you, brothers and sisters, are not in the darkness, and the Day should not take you by surprise like a thief.

5:4 그 날이 도둑 같이 너희에게 임하지 못하리니. 2절과 상반된 것처럼 보인다. 그러나 이 구절은 날이 아니라 방식을 말하는 것이다. '그 날에 너희의 것이 다 털리지 않도록'이라는 말이다. 그 날이 도둑에게 털리는 허무한 날이 되면 안 된다. 그날은 우리의 것을 가지고 잔치하는 날이 되어야 한다.
주님 재림하실 때 이 땅에서 쌓아 놓은 모든 것이 헛된 것이 될 수 있고, 귀한 것이 될 수도 있다. 지금 우리는 무엇을 쌓고 있을까?

5 너희는 다 빛의 아들이요 낮의 아들이라 우리가 밤이나 어둠에 속하지 아니하나니
6 그러므로 우리는 다른 이들과 같이 자지 말고 오직 깨어 정신을 차릴지라
5 All of you are people who belong to the light, who belong to the day. We do not belong to the night or to the darkness.
6 So then, we should not be sleeping like the others; we should be awake and sober.

5:6 자지 말고 오직 깨어 정신을 차릴지라. '자는 것'은 앞에서 주로 '죽은 것'에 대한 상징적 표현이었다면 여기에서는 '믿음과 도덕적 무력증'을 상징적으로 표현하는 말이다. 믿음(하나님의 뜻을 따라 행하는 것)으로 살지 않는 상태에 있지 말고, 깨어 믿음으로 살라고 말하고 있다. 정신차려야 한다.

정신차리지 않으면 주님 오실 때 잔치가 아니라 슬픔의 날이 될 것이다. 인생이 송두리째 빼앗길 뿐만 아니라 영원한 멸망의 세계에 떨어지게 된다.

7 자는 자들은 밤에 자고 취하는 자들은 밤에 취하되
8 우리는 낮에 속하였으니 정신을 차리고 믿음과 사랑의 호심경을 붙이고 구원의 소망의 투구를 쓰자

7 It is at night that people sleep; it is at night that they get drunk.
8 But we belong to the day, and we should be sober. We must wear faith and love as a breastplate, and our hope of salvation as a helmet.

5:8 영적 전쟁을 말한다. 믿음과 사랑과 소망에 대해 말하고 있다. 데살로니가 교회에 편지를 쓰면서 처음 칭찬하며 쓴 말이다. 이 일을 더욱 열심히 이루어 가라고 말하고 있는 것이다. 이것이 남는 것이다.

9 하나님이 우리를 세우심은 노하심에 이르게 하심이 아니요 오직 우리 주 예수 그리스도로 말미암아 구원을 받게 하심이라

9 God did not choose us to suffer his anger, but to possess salvation through our Lord Jesus Christ,

5:9 노하심에 이르게 하심이 아니요...구원을 받게 하심이라. 하나님은 그 백성을 구원하기를 원하신다. 그 일을 위해 모든 일이 일어나고 있다.

세상을 보라. 모든 일이 우리의 구원을 위해 있다. 우리의 구원의 훈련과 과정을 위해 있다. 지금 보이는 것은 임시적인 것이다. 죄로 많이 허물어져 있는 모습이다. 그러나 우리의 구원을 위해 있다. 우리는 이 땅의 힘든 삶에서 믿음 소망 사랑을 배우고 실천하면서 구원을 알아 가야 한다. 구원받은 백성이 되어야 한다.

10 예수께서 우리를 위하여 죽으사 우리로 하여금 깨어 있든지 자든지 자기와 함께 살게 하려 하셨느니라

10 who died for us in order that we might live together with him, whether we are alive or dead when he comes.

5:10 깨어 있든지 자든지. 지금 육체적으로 죽은 자인지 산 자인지는 전혀 중요하지 않다. **예수께서 우리를 위하여 죽으사...자기와 함께 살게 하려 하셨느니라.** 진짜 중요한

것은 영원히 사는 자가 되는 것이다. 그것이 예수님께서 우리를 위하여 죽으신 이유다. 죽기까지 하시면서 우리에게 생명 주시기를 원하셨다. 참으로 귀한 일이라는 것을 의미한다. 참으로 중요하다.

11 그러므로 피차 권면하고 서로 덕을 세우기를 너희가 하는 것 같이 하라
11 And so encourage one another and help one another, just as you are now doing.

5:11 피차 권면하고 서로 덕을 세우기를. '덕을 세우기를'은 많이 의역한 것이다. 직역은 '서로 세우기를'이다. 서로 깨어 믿음 소망 사랑을 이루어 가도록 세워주라는 말이다. 살아 있다는 것은 기회를 가지고 있다는 것이다. 언제 끝날지 모른다. 기회가 있을 때 우리는 서로 영원한 생명을 얻도록 믿음을 권면하고 세우는 일을 해야 한다. 이것이 가장 중요하다.

12 형제들아 우리가 너희에게 구하노니 너희 가운데서 수고하고 주 안에서 너희를 다스리며 권하는 자들을 너희가 알고
12 We beg you, our brothers and sisters, to pay proper respect to those who work among you, who guide and instruct you in the Christian life.

5:12 주님의 재림을 기다리고 잘 준비하며 살기 위해서는 관계가 중요하다. 12절-15절은 사람과의 관계에 대한 것이다. **수고하고 주 안에서 너희를 다스리며 권하는 자들을 너희가 알고.** 교회의 지도자에 대한 이야기다. '알고(헬. 오이다)'는 여기에서 '진가를 인정하다'라는 의미다. 교회의 지도자를 인정하고 좋은 관계를 맺는 것이 중요하다.

13 그들의 역사로 말미암아 사랑 안에서 가장 귀히 여기며 너희끼리 화목하라
13 Treat them with the greatest respect and love because of the work they do. Be at peace among yourselves.

5:13 그들의 역사로 말미암아. 교회 지도자가 높은 사람이기 때문이 아니라 그들이 하는 일이 교회를 세우며 성도를 세우는 일이기 때문에 귀히 여기라는 말씀이다. 좋은 관계가 좋은 신앙에 중요하기 때문이다.
너희끼리 화목하라. 이것은 성도 간의 관계를 의미한다. 살다 보면 관계를 깨트리는 일이 일어난다. 어떤 일이 생기면 다시는 만나고 싶지 않은 마음이 생긴다. 그러나 그러

한 일이 성도의 관계를 깨트리지 않도록 해야 한다. 성도라는 관계, 함께 예배하는 관계는 참으로 귀한 것이다. 그러니 다른 일이 그러한 것을 깨트리지 않도록 화목해야 한다.

14 또 형제들아 너희를 권면하노니 게으른 자들을 권계하며 마음이 약한 자들을 격려하고 힘이 없는 자들을 붙들어 주며 모든 사람에게 오래 참으라
14 We urge you, our brothers and sisters, to warn the idle, encourage the timid, help the weak, be patient with everyone.

5:14 조금은 못난 사람과의 관계를 말한다. **게으른 자들을 권계하며.** '게으른'은 '순종하지 않는자'로 해석할 수 있다. 질서를 지키지 않고 멋대로 행동하는 사람이 있다. 그들에 대해 포기하지 말고 충고하며 함께해야 한다고 말한다.

마음이 약한 자들을 격려하고. 심약하여 낙심하는 사람들이 있다. 그들을 방치하지 말고 위로하며 격려해야 한다. **힘이 없는 자들을 붙들어 주며.** 약한 사람을 귀찮아 하지 말고 도와야 한다. **모든 사람에게 오래 참으라.** '모든 사람'은 믿지 않는 사람까지 포함하여 말 그대로 모든 사람이다. 사람을 향한 기본 자세이다. 사랑은 오래 참고'와 같은 단어다. '참는 것'을 관용적으로 이렇게 번역할 수 있다. '모든 사람에게 부드럽게 말하라' '모든 사람에게 천천히 행동하라' '누구에게든지 날카롭게 말하지 말라' '누구에게든지 소리지르지 마라'. 큰 소리를 내고 화를 내는 것은 참지 못하는 것이다. 모든 사람은 부족한 것이 있다. 그러기에 오래 참아주어야 한다. 사람을 향하여 짜증내지 말고 조용히 사랑해야 한다.

15 삼가 누가 누구에게든지 악으로 악을 갚지 말게 하고 서로 대하든지 모든 사람을 대하든지 항상 선을 따르라
15 See that no one pays back wrong for wrong, but at all times make it your aim to do good to one another and to all people.

5:15 누구에게든지 악으로 악을 갚지 말게 하고. 세상을 살다 보면 사람들이 우리에게 악을 행할 때가 있다. 그때 우리도 악으로 갚고 싶어진다. 그러나 악을 행하지 말라고 말한다.

서로 대하든지 모든 사람을 대하든지 항상 선을 따르라. 교회 안의 사람을 대하든 외부 사람을 대하든 늘 선을 생각하고 선을 행해야 한다. 우리는 영원한 나라에 참여하는

사람이다. 영원한 나라는 선한 나라다. 그러니 우리는 지금 늘 선을 행하며 선을 훈련하는 사람이 되어야 한다.

16 항상 기뻐하라
16 Be joyful always,

5:16 항상 기뻐하고 있는가? 세상을 보면 기쁘지 않은 일이 많다. 그래서 이것이 불가능하다고 생각한다. 그러나 하나님을 보면 항상 기뻐할 수 있다. 16절-22절은 하나님과의 관계를 말한다. 하나님은 우리의 기쁨의 근원이다. 하나님은 항상 그 자리에 계신다. 그러니 우리는 항상 기뻐할 수 있다. 기뻐하지 않는다는 것은 세상을 보는 것이고 기뻐한다는 것은 하나님을 보는 것이다.

17 쉬지 말고 기도하라
17 pray at all times,

5:17 부모가 자녀들과 하고 싶은 가장 큰 것 중에 하나는 '대화'일 것이다. 하나님도 우리와 대화하고 싶어하신다. 그래서 우리에게 기도하라고 말씀하신다. 기도는 대화이다. '대화한다'는 것은 '하나님을 인정한다'는 의미다.
'쉬지 않고' 기도하는 것은 무엇일까? '멈추지 않는다'는 의미이기 보다는 '모든 것'이라고 생각해도 좋을 것 같다. 사람들이 언제 기도하는가? 자기가 하고 싶을 때 한다. 자신이 필요한 것이 있을 때 한다. 그런데 사실 사람들이 기도하지 않고 하는 일들이 문제다. 그 일들을 그렇게 멋대로 하지 말고 하나님께 기도하면서 해야 한다. 기도함으로 하나님의 뜻을 찾으며 행해야 한다. 그러기에 우리는 내가 하고 싶은 것만이 아니라 나의 모든 것을 기도해야 한다.

18 범사에 감사하라 이것이 그리스도 예수 안에서 너희를 향하신 하나님의 뜻이니라
18 be thankful in all circumstances. This is what God wants from you in your life in union with Christ Jesus.

5:18 범사에 감사하라. 왜 슬픈 일이 생겨도 감사해야 할까? 하나님이 통치하시기 때문이다. 우리에게 슬픈 일을 일으킨 그 사람에게 감사할 필요는 결코 없다. 그러나 하

나님께는 감사해야 한다. 하나님은 분명 그 일을 통해 선한 일을 하고 계실 것이기 때문이다. 때로는 하나님께서 마음이 아프시면서도 우리의 구원을 위해 그 일을 하고 계실 것이기 때문이다. 하나님은 늘 그 백성의 구원을 위해 일하신다. 그러니 우리는 모든 일에 대해 하나님께 감사해야 한다.

이것이 그리스도 예수 안에서 너희를 향하신 하나님의 뜻이니라. '이것'이 지칭하는 것은 '감사'만이 아니라 기쁨, 기도, 감사 모두를 의미한다. 그것이 우리를 향한 하나님의 뜻이다. 그러니 하나님의 뜻을 행하고자 하는 사람은 그렇게 해야 한다. 그것이 그리스도와의 온전한 연합의 길이다.

19 성령을 소멸하지 말며
19 Do not restrain the Holy Spirit;

5:19 '성령을 소멸'하는 것은 성령의 뜻을 거스를 때 일어난다. 성령은 늘 하나님의 뜻을 우리에게 말씀하여 주시고 그것을 따라 가도록 하신다. 그런데 하나님의 뜻을 따라가지 않으면 성령의 소리는 작아지고 내 소리만 커지기에 성령이 소멸되는 것이다.

20 예언을 멸시하지 말고
20 do not despise inspired messages.

5:20 '예언'은 하나님의 뜻과 관련된다. 기록된 말씀으로 하나님의 뜻을 말씀하여 주시고, 사람을 통해 하나님의 뜻을 말씀하여 주시기도 하였다. 특히 이 당시는 말씀의 기록이 완결된 시기가 아니다. 중요한 것은 하나님의 뜻을 알기 위해 힘을 써야 하고, 알았을 때 지키기 위해 힘을 써야 한다는 것이다. 예언은 우리가 무시해도 되는 그런 것이 아니다. 사람의 말을 무시해도 안 되는데 하물며 하나님의 말씀을 무시하면 어떻게 되겠는가?

21 범사에 헤아려 좋은 것을 취하고
21 Put all things to the test: keep what is good

5:21 **범사에 헤아려.** 우리가 하나님의 말씀을 들을 때 분별해야 한다. 하나님의 뜻을 분별해야 한다. 성경조차도 거짓되게 가르치는 경우가 있다. 하나님의 뜻이라 말하면

서 자신의 뜻을 관철하는 사람도 있다. 말씀이든 이상이든 무엇이든 진정 하나님의 계시인지 분별해야 한다.

좋은 것을 취하고. 말씀을 분별하였으면 무엇이 하나님의 뜻인지를 결정하였다는 것을 의미한다. '좋은 것'은 하나님의 뜻을 의미한다. 하나님의 뜻이라 판단이 섰으면 그것을 행해야 한다. 하나님의 뜻을 알면서도 행하지 않으면 안 된다.

22 악은 어떤 모양이라도 버리라
22 and avoid every kind of evil.

5:22 어떤 모양이라도 버리라. '겉모양'을 의미하는 것이 아니라 모든 형태의 악을 의미한다. 어떤 형태의 것이라 할지라도 하나님의 뜻이 아닌 것은 악이다. 그러한 것을 멀리해야 한다. 끊어야 한다.

23 평강의 하나님이 친히 너희를 온전히 거룩하게 하시고 또 너희의 온 영과 혼과 몸이 우리 주 예수 그리스도께서 강림하실 때에 흠 없게 보전되기를 원하노라
23 May the God who gives us peace make you holy in every way and keep your whole being—spirit, soul, and body—free from every fault at the coming of our Lord Jesus Christ.

5:23 평강의 하나님. 이것은 '평강을 주시는 하나님'이라는 뜻이다. 평강(헬. 에이레네)은 히브리어 '샬롬'과 같은 단어다. 특별히 여기에서는 일반적인 평강의 의미보다는 종말론적으로 해석하는 것이 좋을 것 같다.

영원한 샬롬을 주시는 하나님을 말한다. 이것은 영원한 평강의 나라로 우리를 이끌어가시는 하나님에 대한 고백이다. 영원한 하나님의 나라로 우리를 이끌고 계시는 하나님을 고백하는 것이다.

너희를 온전히 거룩하게 하시고. 예수님의 재림을 말할 때 사람들은 교회에 다니면 당연히 그 나라에 들어갈 것처럼 생각한다. 그런데 데살로니가전서에서 바울은 재림에 대해 말할 때마다 '거룩'에 대해 이야기한다. 믿음 소망 사랑의 구체적인 모습에 대해 이야기한다. 재림을 믿으면 거룩을 힘써야 한다.

우리의 거룩을 가장 원하시는 분은 하나님이다. 그래야 평강의 나라에 합당한 백성이 되기 때문이다. 그래서 하나님은 우리를 거룩하게 하신다. 바울은 하나님께서 데살로니가 교회를 더욱더 거룩하게 하시길 간절히 축복하며 기도하고 있다.

온 영과 혼과 몸이...강림하실 때에 흠 없게 보전되기를 원하노라. 영과 혼과 몸을 말한 것은 전인격체 전부를 말하기 위함이다. 당시 헬라 철학에서는 인간이 이분설인지 삼분설인지 논란이 많았다. 지금도 기독교 안에서 논란이 있다. 바울이 3가지를 한꺼번에 사용한 곳은 이곳이 유일하다. 이것은 바울이 삼분설을 말하기 위함이 아니다. 개혁주의적 전통은 이분설이다. 성경에서 영과 혼은 많은 경우 같은 의미로 사용한다.

중요한 것은 주님 재림하실 때 '흠 없게 보전되는 것'이다. 우리의 전인격체가 흠 없이 보전되어야 한다. 평강의 나라는 거룩한 나라이기 때문이다. 사람들이 평강의 나라만 생각하는 경향이 있다. 그러나 그 나라는 먼저 거룩한 나라라는 것을 알아야 한다. 평강의 나라에 들어가고자 한다면 먼저 거룩한 나라에 들어가야 한다. 열심히 거룩을 이루어 가야 한다. 우리는 부족하나 하나님께서 우리를 그렇게 인도하실 것이다.

24 너희를 부르시는 이는 미쁘시니 그가 또한 이루시리라
24 He who calls you will do it, because he is faithful.

5:24 너희를 부르시는 이는 미쁘시니. 우리는 의지가 약하다. 그래서 거룩을 이루어 가다가 멈추기 쉽다. 지금은 믿는 것 같고 믿음과 소망과 사랑을 좋아하고 따라가는 것 같은데 내가 진정 끝까지 그렇게 할 수 있을까?

그것은 걱정하지 말라. 하나님이 신실하시기 때문이다. 우리는 신실하지 못하지만 하나님은 신실하시다. 우리의 연약함을 아시는 하나님께서 우리가 그 길을 신실하게 갈 수 있도록 붙들어 주실 것이다. 중요한 것은 오늘 하나님을 향한 믿음과 사랑과 소망을 굳게 붙잡는 것이다. 그것을 따라 사는 것이다.

25 형제들아 우리를 위하여 기도하라
25 Pray also for us, brothers and sisters.

5:25 우리를 위하여 기도하라. 교회는 세상에서 나왔다. 영적으로 나왔다. 그렇다면 이제 성도가 서로 깊이 교통해야 한다. 서로 함께해야 한다. 바울은 자신들을 위하여 기도해 줄 것을 요청한다. 아무리 바울이라 할지라도 부족하다. 그래서 서로의 기도가 필요하다. 교통이 필요하다.

성도는 영원한 나라에 영원히 함께 하게 될 사람들이다. 그러니 이 땅에 있을 때 어떤 관계보다 더 깊은 관계가 되어야 한다. 어떤 면에 있어서는 육체적인 가족 관계보다 더 깊은 관계가 형성된다. 영원히 함께 할 것이기 때문이다.

26 거룩하게 입맞춤으로 모든 형제에게 문안하라
26 Greet all the believers with a holy kiss.

5:26 거룩하게 입맞춤으로. 아마 볼에 입술을 대는 것을 의미할 것이다. 이것은 외적인 그런 행동을 하라는 의미가 아니다. 마음 없이 그런 행동만 하는 것은 거룩한 입맞춤이 아니다.

마음으로 '거룩한 입맞춤'의 관계이어야 한다. 오늘날 모양은 달라도 이러한 거룩한 입맞춤처럼 성도는 서로 깊은 관계를 맺어야 한다. 성도는 평강의 나라를 함께 이루어 가고 있고, 책임이 있는 거룩한 관계다. 영원한 관계로서 거룩한 관계이고 친밀한 관계이어야 한다.

늘 성도의 관계를 깊이 간직하라. 그것이 영적인 건강에 매우 유익하다. 성도의 관계는 주고받는 관계다. 설령 주기만 하는 관계라 할지라도 그렇게 줄 때 나도 건강하다. 그러기에 성도라는 이름으로 서로 관계를 맺어야 한다. 그것이 거룩한 입맞춤이다.

27 내가 주를 힘입어 너희를 명하노니 모든 형제에게 이 편지를 읽어 주라
28 우리 주 예수 그리스도의 은혜가 너희에게 있을지어다
27 I urge you by the authority of the Lord to read this letter to all the believers.
28 The grace of our Lord Jesus Christ be with you.

5:28 그리스도의 은혜가 너희에게 있을지어다. 바울은 모든 편지에서 '은혜'를 구한다. 우리는 은혜 없이는 살아갈 수 없는 사람들이기 때문이다. 은혜 없이는 평강의 나라에 관심도 가질 수 없고, 살아갈 수 없고, 들어갈 수 없다.

우리가 은혜를 받았다는 것을 안다면 이후에 가장 중요한 것이 무엇일까? 우리도 은혜 베푸는 사람이 되는 것이다. 자신이 사람들에게 은혜 베풀지 않으면서 하나님의 은혜를 말하고 기뻐하고 구할 수 없다. 늘 은혜를 구하라. 곧 늘 은혜를 베풀라.

하나님의 은혜는 바보 같은 은혜가 아니다. 지혜와 합리성과 세밀함 등 모든 것이 담겨 있다. 우리도 무조건 준다고 은혜가 아니다. 그러나 중요한 것은 그 은혜가 풍성하다는 사실이다. 우리도 은혜를 풍성하게 베풀어야 한다. 많이 베풀어야 한다.

데살로니가후서

목 차

데살로니가전서는 재림을 소망하며 재림신앙을 가지고 사는 것에 대한 것이었다. 데살로니가후서 역시 재림신앙에 대한 것이다. 데살로니가 교인들은 박해를 받으며 환난을 당하고 있었던 것 같다. 그 환난을 잘 이겨가고 있었다. 여기에서 '환난을 이긴다'는 것은 '환난을 잠재운다'는 것이 아니라 '환난을 잘 참는다'는 것을 의미한다.

어떻게 힘든 환난에도 불구하고 여전히 신앙의 길을 잘 갈 수 있었을까? 그들이 재림신앙을 가지고 있었기 때문이다. 그래서 바울은 그들을 칭찬하면서 재림신앙에 대해 일부 혼란스러운 부분에 대해 바로 잡아 주기 위해 데살로니가후서 편지를 쓰고 있다.

1 바울과 실루아노와 디모데는 하나님 우리 아버지와 주 예수 그리스도 안에 있는 데살로니가인의 교회에 편지하노니
1 From Paul, Silas, and Timothy— To the people of the church in Thessalonica, who belong to God our Father and the Lord Jesus Christ:

1:1 바울은 먼저 편지 인사말로 저자와 수신자를 말한다. **하나님 우리 아버지.** '아버지'라는 말로 하나님을 향한 친밀함을 말하고, '우리 아버지'라고 말함으로 데살로니가 교회와 바울 일행이 모두 한 가족임을 말하고 있다. 한 가족이기에 바울 일행은 데살로니가 교회의 일을 마치 자신의 일처럼 여기며 편지를 하고 있다.

2 하나님 아버지와 주 예수 그리스도로부터 은혜와 평강이 너희에게 있을지어다
3 형제들아 우리가 너희를 위하여 항상 하나님께 감사할지니 이것이 당연함은 너희의 믿음이 더욱 자라고 너희가 다 각기 서로 사랑함이 풍성함이니
2 May God our Father and the Lord Jesus Christ give you grace and peace.
3 Our brothers and sisters, we must thank God at all times for you. It is right for us to do so, because your faith is growing so much and the love each of you has for the others is becoming greater.

1:3 하나님께 감사할지니...믿음이 더욱 자라고...사랑함이 풍성함이니. 바울은 환난 가운데서도 데살로니가 교회가 믿음과 사랑이 자라가는 것을 기뻐하며 감사하였다. 그들에게 믿음은 환난보다 훨씬 더 큰 무엇이었다.

4 그러므로 너희가 견디고 있는 모든 박해와 환난 중에서 너희 인내와 믿음으로 말미암아 하나님의 여러 교회에서 우리가 친히 자랑하노라
4 That is why we ourselves boast about you in the churches of God. We boast about the way you continue to endure and believe through all the persecutions and sufferings you are experiencing.

1:4 박해와 환난 중에서 너희 인내와 믿음으로 말미암아. 박해와 환난이 있으나 위축되지 않고, 믿음과 사랑이 자라가는 것은 데살로니가 교회가 진정한 믿음을 가지고 있다는 것을 증거한다. 그래서 자랑스럽다고 말한다.

5 이는 하나님의 공의로운 심판의 표요 너희로 하여금 하나님의 나라에 합당한 자로 여김을 받게 하려 함이니 그 나라를 위하여 너희가 또한 고난을 받느니라

5 All of this proves that God's judgement is just and as a result you will become worthy of his Kingdom, for which you are suffering.

1:5 이는 하나님의 공의로운 심판의 표. 데살로니가 교회가 환난 가운데 믿음이 자라가는 것은 좋은 증거물이 된다. 환난을 준 사람에게는 하나님의 심판 때에 멸망이 임하고, 환난을 이긴 데살로니가 교회에는 안식이 주어지는 확실한 증거가 될 것이다.

6 너희로 환난을 받게 하는 자들에게는 환난으로 갚으시고
7 환난을 받는 너희에게는 우리와 함께 안식으로 갚으시는 것이 하나님의 공의시니 주 예수께서 자기의 능력의 천사들과 함께 하늘로부터 불꽃 가운데에 나타나실 때에
8 하나님을 모르는 자들과 우리 주 예수의 복음에 복종하지 않는 자들에게 형벌을 내리시리니
9 이런 자들은 주의 얼굴과 그의 힘의 영광을 떠나 영원한 멸망의 형벌을 받으리로다

6 God will do what is right: he will bring suffering on those who make you suffer,
7 and he will give relief to you who suffer and to us as well. He will do this when the Lord Jesus appears from heaven with his mighty angels,
8 with a flaming fire, to punish those who reject God and who do not obey the Good News about our Lord Jesus.
9 They will suffer the punishment of eternal destruction, separated from the presence of the Lord and from his glorious might,

1:9 영원한 멸망의 형벌을 받으리로다. 하나님을 모르거나 들었어도 받아들이지 않는 사람들은 데살로니가 교회를 핍박하였다. 그들은 영원한 멸망을 받게 될 것이다. '영원한 멸망'은 무엇을 의미할까? 두 가지 가능성이 있다. 영원히 존재하지 않게 되거나, 영원히 아픔 가운데 존재하는 것이다. 본문은 후자의 경우를 말한다.
주의 얼굴과 그의 힘의 영광을 떠나. 믿지 않는 이들의 멸망은 완전히 없어지는 것이 아니다. '주의 얼굴'에서 떠나는 것이다. '주의 영광'으로부터 떠나는 것이다. 예수님은 이 땅에 오신다. 그래서 멸망당하는 이들은 더 이상 이 땅에 있을 수 없다. 주의 존전에서 멀리 떨어지게 된다. 힘의 보호와 영광에서 멀리 떨어지게 된다. 그곳을 우리는 지옥이라고 말한다. 멸망하는 사람들은 없어지는 것이 아니라 지옥에서 영원히 존재하게 된다.

10 그 날에 그가 강림하사 그의 성도들에게서 영광을 받으시고 모든 믿는 자들에게서 놀랍게 여김을 얻으시리니 이는 (우리의 증거가 너희에게 믿어졌음이라)

10 when he comes on that Day to receive glory from all his people and honour from all who believe. You too will be among them, because you have believed the message that we told you.

1:10 그 날에 그가 강림하사. 지금은 데살로니가 교회가 핍박을 받고 있으나 주님이 재림하시는 날에 완전히 역전될 것이다. 그 날에 진실이 드러난다.

그의 성도들에게서 영광을 받으시고. 주님이 오시면 오직 모든 영광은 주님께 있을 것이다. 지금은 세상 사람들이 세상의 화려한 것에 영광을 돌린다. 그것에 마음을 빼앗긴다. 그러나 주님이 오시면 무엇이 영광스러운지가 드러난다. 사람들은 세상의 어떤 영광도 주님의 영광과 비교될 수 없음을 알게 될 것이다. 오직 주님만이 찬란하게 빛나실 것이다.

11 이러므로 우리도 항상 너희를 위하여 기도함은 우리 하나님이 너희를 그 부르심에 합당한 자로 여기시고 모든 선을 기뻐함과 믿음의 역사를 능력으로 이루게 하시고

11 That is why we always pray for you. We ask our God to make you worthy of the life he has called you to live. May he fulfil by his power all your desire for goodness and complete your work of faith.

1:11 너희를 그 부르심에 합당한 자로 여기시고. 주님 재림하시는 날 중요한 것이 무엇일까? 주님의 부르심이다. 주님이 그 백성을 부르실 때 나의 이름을 부르시는 것이다. 그 때 통장에 돈이 얼마가 있는 지, 살고 있는 집이 얼마나 큰 지 등이 중요하겠는가? 아니다. 오직 주님의 입술에서 우리의 이름이 불리는 것이다. 그날 주님이 우리를 '구원받은 백성으로 부르심에 합당한 자로 여기실 지'가 가장 중요하다. 바울은 지금 그것을 위해 기도하고 있다고 말한다. 우리도 지금 기도해야 한다. 주님 오시기 전에 지금 관심을 가지고 많이 기도해야 한다.

12 우리 하나님과 주 예수 그리스도의 은혜대로 우리 주 예수의 이름이 너희 가운데서 영광을 받으시고 너희도 그 안에서 영광을 받게 하려 함이라

12 In this way the name of our Lord Jesus will receive glory from you, and you from him, by the grace of our God and of the Lord Jesus Christ.

1:12 예수의 이름이 너희 가운데서 영광을 받으시고 너희도 그 안에서 영광을 받게 하려 함이라. 나는 사람들이 '영광'을 보았으면 좋겠다. 주님 재림하실 때 그 영광을 오늘 우리는 결코 다 상상할 수 없다. 그러나 조금이라도 지금 더 볼 수 있어야 한다.

주께서 우리의 입술과 마음과 손과 발을 통해 영광을 받으셔야 한다. 그것이 얼마나 행복하고 영광스러운 일인지 모른다. 그렇게 할 때 또한 우리도 주님의 영광에 참여하는 사람이 된다. 주님을 찬양하며 영광을 고백할 때 우리도 영광스럽게 된다. 주님의 영광에 참여하는 사람이 되기 때문이다. 주님의 그 찬란한 영광에 조금이라도 참여하게 되면 우리는 그 영광에 압도당한다. 그 영광에 참여하는 것이 참으로 행복하다.

바울은 이러한 영광이 데살로니가 교회에 가득하기를 기도하였다. 오늘 우리는 우리 가운데 이러한 영광이 가득하기를 기도해야 한다. 운무가 가득한 곳을 거닐 때처럼 우리는 주님의 영광이 가득한 세상을 걸어가야 한다. 영광을 보아야 한다. 영광을 살아가야 한다.

2장

1 형제들아 우리가 너희에게 구하는 것은 우리 주 예수 그리스도의 강림하심과 우리가 그 앞에 모임에 관하여
2 영으로나 또는 말로나 또는 우리에게서 받았다 하는 편지로나 주의 날이 이르렀다고 해서 쉽게 마음이 흔들리거나 두려워하거나 하지 말아야 한다는 것이라

1 Concerning the coming of our Lord Jesus Christ and our being gathered together to be with him: I beg you, my brothers and sisters,
2 not to be so easily confused in your thinking or upset by the claim that the Day of the Lord has come. Perhaps it is thought that we said this while prophesying or preaching, or that we wrote it in a letter.

2:2 영으로나 또는 말로나 또는 우리에게서 받았다 하는 편지로나 주의 날이 이르렀다고 해서. 거짓 주장의 다양한 가능성에 대해 말한다. 악한 영은 꿈, 논리, 조작된 편지 등으로 거짓 이론을 퍼트릴 수 있다. 모두 강력한 힘을 발휘한다.

예수님의 재림은 분명히 모든 사람이 알 수 있는 방식으로 오신다. 그러나 악한 영은 데살로니가 교회를 미혹하기 위해 이미 오신 것처럼 말할 수 있다. 오늘날에도 그렇게 예수님이 이미 오셨다고 말하는 이단들이 있다.

3 누가 어떻게 하여도 너희가 미혹되지 말라 먼저 배교하는 일이 있고 저 불법의 사람 곧 멸망의 아들이 나타나기 전에는 그 날이 이르지 아니하리니

3 Do not let anyone deceive you in any way. For the Day will not come until the final Rebellion takes place and the Wicked One appears, who is destined for hell.

2:3 저 불법의 사람 곧 멸망의 아들이 나타나기 전에는 그 날이 이르지 아니하리니. 이것이 무엇을 의미하는 것인지에 대해서는 아주 다양한 설명이 있다. 이것은 주로 성전의 훼손과 관련되는 경우가 많다. 70년에 있는 예루살렘의 멸망을 말하는 것이라는 주장부터 아주 다양한 이론이 있다. 매우 어려운 부분이다. 이것이 데살로니가 교회에 편지를 보내던 시기(51년)에는 조금은 더 늦은 종말론을 생각해야 한다고 말하는 것임에는 분명하다. 데살로니가 교회가 너무 이른 재림론만 생각하고 있는 것을 경계하기 위한 것으로 보인다.

실제 이 시기는 모든 사람이 구원받기를 원하는 하나님의 마음과는 아직은 거리가 먼 시기다. 복음이 전해져야 하는 곳이 아주 많았다.

예수님의 재림은 도적이 오는 때를 모르는 것처럼 때를 특정할 수 없다. 그러나 그 시기와 관련되어 잘못된 것 두 가지가 있다. 하나는 급박한 재림만 생각하는 것이다. 데살로니가 교회의 일부가 그랬던 것 같다. 그래서 바울은 조금 더 늦은 재림을 생각할 수 있도록 건물 성전의 훼손에 대해 이야기하는 것으로 보인다. 그것은 최소한 데살로니가 교회가 생각하는 것처럼 주님의 재림이 몇 년 안에 오시는 것은 아니라는 것을 증명한다.

이것은 데살로니가 시대의 교회만이 아니다. 오늘날 시대의 교회도 여전히 너무 급박한 재림만 생각하면 안 된다. 자신의 평생 동안 오시지 않을 수도 있다는 생각을 가져야 한다. 그래서 자신의 평생에 대한 계획을 가지는 것이 필요하다.

또 하나의 잘못된 이론은 예수님의 재림을 너무 늦게 오시는 것으로만 생각하는 것이다. 오늘날 교회들이 이것에 많이 빠져 있는 것 같다. 주님의 재림은 도둑같이 오신다는 말씀처럼 늘 오늘 당장 오실 수 있다는 것을 생각해야 한다. 특히 건물 성전이 무너지고 많은 거짓과 불의가 가득한 세상이 수없이 오고 간 이 시대에는 더욱더 그러하다. 그런데 그동안 오시지 않았다 하여 재림을 너무 먼 미래로만 생각하는 경향이 있다. 오늘날 바울이 편지를 쓴다면 너무 늦게 재림하실 것으로 생각하는 것에 대해 아주 엄히 경고할 것 같다.

4 그는 대적하는 자라 신이라고 불리는 모든 것과 숭배함을 받는 것에 대항하여 그 위에 자기를 높이고 하나님의 성전에 앉아 자기를 하나님이라고 내세우느니라

4 He will oppose every so-called god or object of worship and will put himself above them all. He will even go in and sit down in God's Temple and claim to be God.

2:4 하나님의 성전에 앉아 자기를 하나님이라 내세우느니라. 예루살렘에 있는 하나님의 성전이 더렵혀지는 사건이 일어날 것이다. 예수님은 성전이 무너지는 때와 종말을 구분하여 말씀하셨다. 이 편지를 쓰던 그 시기에는 아직 성전이 무너지는 일조차 안 일어났다. 그러니 아직 재림을 이야기할 때가 아니다. 이러한 간단한 사실을 알기만 하여도 그들은 예수님이 벌써 재림하셨다는 소문을 믿고 두려워하는 일은 벌어지지 않았을 것이다.

5 내가 너희와 함께 있을 때에 이 일을 너희에게 말한 것을 기억하지 못하느냐
6 너희는 지금 그로 하여금 그의 때에 나타나게 하려 하여 막는 것이 있는 것을 아나니
7 불법의 비밀이 이미 활동하였으나 지금은 그것을 막는 자가 있어 그 중에서 옮겨질 때까지 하리라
8 그 때에 불법한 자가 나타나리니 주 예수께서 그 입의 기운으로 그를 죽이시고 강림하여 나타나심으로 폐하시리라
9 악한 자의 나타남은 사탄의 활동을 따라 모든 능력과 표적과 거짓 기적과

5 Don't you remember? I told you all this while I was with you.
6 Yet there is something that keeps this from happening now, and you know what it is. At the proper time, then, the Wicked One will appear.
7 The Mysterious Wickedness is already at work, but what is going to happen will not happen until the one who holds it back is taken out of the way.
8 Then the Wicked One will be revealed, but when the Lord Jesus comes, he will kill him with the breath from his mouth and destroy him with his dazzling presence.
9 The Wicked One will come with the power of Satan and perform all kinds of false miracles and wonders,

2:9 사탄의 활동을 따라 모든 능력과 표적과 거짓 기적. 사탄은 하나님과 비교할 수 없다. 사탄은 타락한 천사로서 피조물이기 때문에 창조주 하나님과 결코 비교할 수 없다. 그러나 사람과는 비교할 수 있다. 특별히 사람이 타락하여 살고 있는 지금의 상황에서는 사탄의 힘에 압도당한다.

사탄은 능력을 가지고 있어 표적을 행하고 거짓 기적을 행한다. 사람은 자신보다 더 강한 힘을 보면 굴복하는 경향이 있다. 그러나 사람이 행할 수 없는 능력이라고 그것

에 굴복하면 안 된다. 사람들은 영적인 힘을 보면 두려워하는 경향이 있다. 그러나 우리는 악한 영의 아무리 강한 힘을 보아도 두려워하지 말아야 한다. 그것은 거짓 영의 힘이기 때문이다.

사탄은 기적을 통해 사람을 미혹하는 경우가 많다. 사람들은 조작된 기적에도 매우 약하다. 기적은 영적인 것과 힘의 결합이기 때문에 사람들을 더욱더 약하게 만든다. 기적을 보면 무조건 믿는 경향이 있다. 그러나 기적이 진리를 보장하는 것이 아니다. 악한 영이 기적을 통해 사람들을 미혹하는 경우가 많다.

> **10** 불의의 모든 속임으로 멸망하는 자들에게 있으리니 이는 그들이 진리의 사랑을 받지 아니하여 구원함을 받지 못함이라
> **11** 이러므로 하나님이 미혹의 역사를 그들에게 보내사 거짓 것을 믿게 하심은
> **10** and use every kind of wicked deceit on those who will perish. They will perish because they did not welcome and love the truth so as to be saved.
> **11** And so God sends the power of error to work in them so that they believe what is false.

2:11 미혹의 역사를 그들에게 보내사. 하나님의 주권을 말한다. 미혹하는 영이 그러한 '역사'를 행하는 것은 사람들을 미혹하기 위함이다. 그런데 결과적으로 어떤 역할을 할까?

> **12** 진리를 믿지 않고 불의를 좋아하는 모든 자들로 하여금 심판을 받게 하려 하심이라
> **12** The result is that all who have not believed the truth, but have taken pleasure in sin, will be condemned.

2:12 진리를 믿지 않고 불의를 좋아하는 모든 자. 신앙인이 무엇을 의지하는 것은 그것이 힘이 있기 때문이 아니라 진리이기 때문이다. 그런데 거짓 신앙인은 진리가 아니라 힘을 좋아한다. 그래서 미혹의 영이 힘을 발휘하면 그것을 좋아간다. 그러할 때 참 신앙인과 거짓 신앙인이 구분된다.

사람들은 거짓이 부흥할 때 '왜 거짓이 부흥하고 성공하는지 모르겠다'고 말한다. 그러나 본문은 그것은 진짜와 가짜를 구분하기 위한 것이라고 말한다. 성공을 좋아가는 것이 아니라 진리를 좋아가는지 시험하기 위한 것이다. 오늘날 교회조차도 성공과 부흥을 위해 서슴없이 거짓을 행하기도 한다. 그러면 성공한다 하여도 좋은 것이 아니다. 여전히 세상에서는 교회가 부흥하였으니 신령한 것처럼 생각하고 부러워하지

만 만약 거짓에 타협한 것이라면 그것은 미혹하는 영에 속은 것에 불과하다. 시험에 넘어진 것이다.

13 주께서 사랑하시는 형제들아 우리가 항상 너희에 관하여 마땅히 하나님께 감사할 것은 하나님이 처음부터 너희를 택하사 성령의 거룩하게 하심과 진리를 믿음으로 구원을 받게 하심이니

13 We must thank God at all times for you, brothers and sisters, you whom the Lord loves. For God chose you as the first to be saved by the Spirit's power to make you his holy people and by your faith in the truth.

2:13 주께서 사랑하시는...하나님이 처음부터 너희를 택하사...성령의 거룩하게 하심. 이 구절에 삼위일체 하나님의 '삼위'의 사역이 다 담겨 있다. 삼위일체 하나님의 각 사역을 통해 데살로니가 교인들이 '믿음'으로 구원을 받게 된다.

데살로니가 교인들이 가고 있는 믿음의 길은 결코 하찮은 것이 아니다. 삼위일체 하나님의 사역이 함께 하는 길이다. 거짓 종말론 같은 것에 속지 말고 영광의 그 길에 대해 잘 알아야 한다. 바른 믿음으로 걸어가야 한다.

14 이를 위하여 우리의 복음으로 너희를 부르사 우리 주 예수 그리스도의 영광을 얻게 하려 하심이니라

14 God called you to this through the Good News we preached to you; he called you to possess your share of the glory of our Lord Jesus Christ.

2:14 그리스도의 영광을 얻게 하려 하심이니라. 데살로니가 교인들의 믿음은 결국 '그리스도의 영광'에 이르게 될 것이다. 그 영광은 지금 세상 권세자들이 가지고 있는 영광과 비교가 되지 않는 엄청나게 큰 영광이다. 지금의 환난과 핍박은 그 영광을 위해 가는 과정일 뿐이다. 그러니 환난과 핍박 때문에 그들이 가는 믿음의 길이 흔들릴 이유가 전혀 없다. 세상의 영광이나 만들어진 거짓 영광이 아니라 하나님께서 약속하고 이루어 가시는 참된 영광의 길을 가야 한다.

15 그러므로 형제들아 굳건하게 서서 말로나 우리의 편지로 가르침을 받은 전통을 지키라

15 So then, our brothers and sisters, stand firm and hold on to those truths which we taught you, both in our preaching and in our letter.

2:15 말로나 우리의 편지로 가르침을 받은 전통을 지키라. 거짓에 속지 말고 진리를 따라가야 한다. 오늘날 우리에게는 기록된 말씀이 있어 더욱 명확하다. 하나님의 말씀을 따라 인도함을 받아야 한다. 그래서 하나님의 말씀을 붙잡는 것이 중요하다. 우리는 무엇이 영광의 길인지 모른다. 말씀을 통해 안내받아야 한다.

16 우리 주 예수 그리스도와 우리를 사랑하시고 영원한 위로와 좋은 소망을 은혜로 주신 하나님 우리 아버지께서
17 너희 마음을 위로하시고 모든 선한 일과 말에 굳건하게 하시기를 원하노라
16 May our Lord Jesus Christ himself and God our Father, who loved us and in his grace gave us unfailing courage and a firm hope,
17 encourage you and strengthen you always to do and say what is good.

2:17 선한 일과 말에 굳건하게 하시기를 원하노라. 무엇인가 가진 사람은 흔들림이 없다. 우리는 영광의 길을 가는 사람이다. 그런데 다른 사람들 보기에는 아무것도 없는 것처럼 보일 수 있다. 그러나 우리는 우리의 말과 행동에 있어 영광의 길을 가고 있는 사람다워야 한다. 한 마디의 말도 조심스럽고 영광스럽게 해야 한다.

3장

1 끝으로 형제들아 너희는 우리를 위하여 기도하기를 주의 말씀이 너희 가운데서와 같이 퍼져 나가 영광스럽게 되고
1 Finally, our brothers and sisters, pray for us, that the Lord's message may continue to spread rapidly and be received with honour, just as it was among you.

3:1 말씀이...퍼져 나가. '달리다'는 뜻이다. 말씀을 운동 선수로 비유하여 말하고 있다. 말씀이 달리기 선수가 되어 빠르게 달려 결국 '상을 받는 모습(영광'스럽게 되는 것)으로 그림을 그리며 말하고 있다. 바울은 자신의 일행을 통해 말씀이 그렇게 전파되고, 말씀이 그렇게 영광스럽게 되기를 기도해달라고 말하고 있다.

바울은 자신의 생각이 아니라 오직 자신을 통해 말씀하시는 하나님의 말씀이 전해지고 영광스럽게 되는 삶을 고대하고 있다. 말씀이 전해지고 드러나는 것이 하나님이 전해지고 드러나는 것이기 때문이다. 오직 말씀이 드러나고 영광받아야 한다.

바울이 기도를 요청하고 자신 또한 그렇게 기도하는 것은 하나님께서 이 모든 일의

주인공이 되시는 것을 알기 때문이다. 우리는 이것을 명심해야 한다.

> **2** 또한 우리를 부당하고 악한 사람들에게서 건지시옵소서 하라 믿음은 모든 사람의 것이 아니니라
> **3** 주는 미쁘사 너희를 굳건하게 하시고 악한 자에게서 지키시리라
> **2** Pray also that God will rescue us from wicked and evil people; for not everyone believes the message.
> **3** But the Lord is faithful, and he will strengthen you and keep you safe from the Evil One.

3:3 주는 미쁘사. 데살로니가 교회가 굳건할 수 있는 이유는 그들의 믿음 때문이 아니라 하나님께서 '신실하신(미쁘신)'분이기 때문이다. 데살로니가 교인들은 흔들리지 않는 믿음을 위해 말씀을 붙잡고 노력해야 하지만 흔들리지 않는 믿음의 원천은 오직 하나님 한 분이심을 믿고 하나님께 기도하며 그 길을 가야 한다.

'믿음'이라고 말할 때 주어는 '사람'이다. 데살로니가 교회의 믿음은 '데살로니가 교인'이 주어다. 그런데 그 믿음에 있어 오직 하나님을 의지해야 한다. 내가 믿는 것이라고 내가 다 하는 것이 아니다. 어떤 면에서는 오직 하나님만이 하시는 것이다. 그러기에 흔들리지 않는 믿음을 위해서는 자신을 의지하는 것이 아니라 신실하신 하나님을 의지해야 한다. 그래서 기도해야 한다.

> **4** 너희에 대하여는 우리가 명한 것을 너희가 행하고 또 행할 줄을 우리가 주 안에서 확신하노니
> **5** 주께서 너희 마음을 인도하여 하나님의 사랑과 그리스도의 인내에 들어가게 하시기를 원하노라
> **4** And the Lord gives us confidence in you, and we are sure that you are doing and will continue to do what we tell you.
> **5** May the Lord lead you into a greater understanding of God's love and the endurance that is given by Christ.

3:5 주께서 너희 마음을 인도하여. 바울은 이 모든 영광의 일을 위해 하나님께 기도하고 있다. 지금 모든 일에서 주연은 하나님이심을 믿기 때문이다. 자신의 사역을 가능하게 하시는 분이 하나님이시며, 데살로니가 교회가 굳건하게 세워지도록 하시는 분도 하나님이심을 알기에 그렇게 기도하고 있다.

하나님의 사랑과 그리스도의 인내에 들어가게 하시기를. 우리를 향한 하나님의 사랑이 얼마나 놀랍고, 그리스도의 인내가 얼마나 큰지를 우리가 알아야 한다. 그리고 따라

가야 한다. 그런데 우리는 할 수 없으니 기도하고 서로 기도해주면서 그 길을 가야 한다.

6 형제들아 우리 주 예수 그리스도의 이름으로 너희를 명하노니 게으르게 행하고 우리에게서 받은 전통대로 행하지 아니하는 모든 형제에게서 떠나라
6 Our brothers and sisters, we command you in the name of our Lord Jesus Christ to keep away from all believers who are living a lazy life and who do not follow the instructions that we gave them.

3:6 게으르게 행하고. '게으르게 행하고(헬. 아탁토스)'는 7절의 '무질서하게 행하지'와 같은 어근이다. 이 단어의 뜻은 '질서가 없는' '정함이 없는' '법이 없는' 등의 의미다. 이것이 여기에서 무엇을 의미하는지는 크게 두 가지 가능성이 있다. 첫째는 임박한 재림론에 대해 오해하여 일하지 않는 경우다. 둘째는 의견이 왔다 갔다 하는 사람이다. 두번째 의견이 조금 더 가능성이 있어 보인다.
우리에게서 받은 전통대로 행하지 아니하는 모든 형제에게서 떠나라. 기독교인의 정체성에 대해 말한다. 그렇지 않은 이들과는 거리두기가 필요한 것을 말한다. '후원을 중지하라'는 말일 수도 있다. 돈이 중심이 되지 않도록 하기 위함이다.
그들이 왜 그렇게 줏대 없이 왔다 갔다 하였을까? 아마 돈 때문일 것이다. 무질서하게 행하는 사람은 아마 자신을 후원하는 사람에게 충성하기 때문이었던 것 같다. 오늘날 잘못된 정치꾼과 같다. 자신에게 돈을 주면 어떤 문제든지 그 사람 편을 든다. 혹 지금은 교회 편을 들고 있다 가도 언제든지 돈을 따라 다른 것을 주장할 수 있는 사람들이다.

7 어떻게 우리를 본받아야 할지를 너희가 스스로 아나니 우리가 너희 가운데서 무질서하게 행하지 아니하며
7 You yourselves know very well that you should do just what we did. We were not lazy when we were with you.

3:7 우리가 너희 가운데서 무질서하게 행하지 아니하며. 바울 일행은 데살로니가 교회에 있을 때 그들의 후원을 받으며 살지 않았다. 스스로 벌면서 전도하였다. 그것은 돈에 의해 움직이지 않기 위해서였다.

8 누구에게서든지 음식을 값없이 먹지 않고 오직 수고하고 애써 주야로 일함은 너희 아무에게도 폐를 끼치지 아니하려 함이니

9 우리에게 권리가 없는 것이 아니요 오직 스스로 너희에게 본을 보여 우리를 본받게 하려 함이니라

8 We did not accept anyone's support without paying for it. Instead, we worked and toiled; we kept working day and night so as not to be an expense to any of you.

9 We did this, not because we have no right to demand our support; we did it to be an example for you to follow.

3:9 권리가 없는 것이 아니요 오직 스스로 너희에게 본을 보여. 바울이 돈을 벌 시간에 전도를 하면 더 효율적일 수 있다. 그럴 권리도 있다. 그러나 바울은 그렇게 하지 않았다.

후원을 받고 복음을 전하면 진리가 돈에 묻힐 상황이었다. 바울은 진리가 더 중요함을 알기 때문에 일하면서 전하였다. 모든 것은 진리를 위한 것이었다. 일을 해야 하는지 일하지 말아야 하는지가 중요한 것이 아니라 어떻게 하는 것이 진리의 효율성을 위한 것인지를 잘 판단해야 한다.

10 우리가 너희와 함께 있을 때에도 너희에게 명하기를 누구든지 일하기 싫어하거든 먹지도 말게 하라 하였더니

11 우리가 들은즉 너희 가운데 게으르게 행하여 도무지 일하지 아니하고 일을 만들기만 하는 자들이 있다 하니

12 이런 자들에게 우리가 명하고 주 예수 그리스도 안에서 권하기를 조용히 일하여 자기 양식을 먹으라 하노라

10 While we were with you, we used to say to you, "Whoever refuses to work is not allowed to eat."

11 We say this because we hear that there are some people among you who live lazy lives and who do nothing except meddle in other people's business.

12 In the name of the Lord Jesus Christ we command these people and warn them to lead orderly lives and work to earn their own living.

3:12 조용히 일하여 자기 양식을 먹으라. 경제적 자립이 있을 때 진리의 자립이 있을 수 있다. 경제적 자립이 없으면 진리가 아니라 돈을 따라가기 쉽다. 그래서 진리의 자립을 위해 경제적 자립을 말하고 있는 것이다.

이런 일은 오늘날에도 많이 일어난다. 선거가 있을 때 돈을 받으면 그 사람을 찍어준다. 그 사람이 옳아서가 아니라 돈을 받았기 때문에 찍어준다. 돈 때문에 진리를 저버리는 것이다.

중요한 것은 영광이 빛나는 것이다. 믿음의 영광이 다른 것으로 오염되지 않게 해야 한다.

13 형제들아 너희는 선을 행하다가 낙심하지 말라
13 But you, brothers and sisters, must not get tired of doing good.

3:13 선을 행하다가 낙심하지 말라. 좋은 의도로 후원하였는데 결과가 좋지 못하게 나왔을 때 낙심할 수 있다. 그러면 다른 일까지도 할 의욕이 떨어진다. 그러나 선을 행하는 사람은 그런 일로 낙심하지 말아야 한다.

후원이 결국 열매 없이 끝나게 되었지만 그들이 이전에 선한 마음으로 도움을 준 것은 유효하다. 잘못된 것이 확실히 드러났을 때 돕는 것은 잘못이지만 이전에 도운 것은 잘못이 아니다. 선한 일이다.

열 가지 선한 행동 중에 한 가지 선한 행동에 열매가 없거나 문제가 되었을 때 다른 선한 일까지 멈추고 싶은 마음을 갖게 된다. 지금까지 선한 일을 해 온 마음 중심의 힘이 빠지기 때문이다. 그러나 그것은 악한 영이 주는 마음이다. 선한 일은 계속되어져야 한다. 선한 일은 성실하게 계속 이어져야 한다. 그것을 멈추면 악에 지는 것이다. 악이 선한 일을 흐리게 할 때 더욱더 선한 일로 이겨야 한다.

14 누가 이 편지에 한 우리 말을 순종하지 아니하거든 그 사람을 지목하여 사귀지 말고 그로 하여금 부끄럽게 하라
15 그러나 원수와 같이 생각하지 말고 형제 같이 권면하라
14 It may be that someone there will not obey the message we send you in this letter. If so, take note of that person and have nothing to do with him or her, so that they will be ashamed.
15 But do not treat them as an enemy; instead, warn them as a fellow-believer.

3:15 원수와 같이 생각하지 말고. 그들과 거리두기를 하여도 여전히 '원수를 대하는 자세가 아니라 형제를 대하는 자세'이어야 한다. 행동과 태도는 단호하지만 그것이 원수를 향한 마음이 아니라 형제가 돌아오기를 바라는 마음에서 해야 한다. 우리는 늘 선을 생각해야 한다. 악을 생각하면 안 된다. 끝까지 영광의 길을 가는 사람답게 해야 한다.

16 평강의 주께서 친히 때마다 일마다 너희에게 평강을 주시고 주께서 너희 모든 사람과 함께 하시기를 원하노라

17 나 바울은 친필로 문안하노니 이는 편지마다 표시로서 이렇게 쓰노라

18 우리 주 예수 그리스도의 은혜가 너희 무리에게 있을지어다

16 May the Lord himself, who is our source of peace, give you peace at all times and in every way. The Lord be with you all.

17 With my own hand I write this: Greetings from Paul. This is the way I sign every letter; this is how I write.

18 May the grace of our Lord Jesus Christ be with you all.

3:16 평강의 주께서 친히 때마다 일마다 너희에게 평강을 주시고. 우리는 평강의 나라(주님 재림하심으로 완성되는 나라)로 가고 있고, 지금도 평강의 주되신 하나님의 통치 가운데 살고 있다.

데살로니가 교인들이 환난과 핍박 가운데 있었다. 그러나 신앙인은 세상을 통치하시는 하나님의 자녀다. 그래서 늘 '평강'할 수 있다. 모든 일에 하나님의 평강이라는 목적이 있다. 모든 관계를 회복하시는 하나님의 목적이다. 결국 평강을 목적으로 하고, 평강의 마음으로, 평강을 이루어 가도록 해야 한다. 어떤 갈등과 싸움이 있어도 평강을 놓치면 안 된다.

디모데전서

목 차

디모데전서는 에베소에서 목회하는 디모데에게 보낸 서신이다. 바울서신은 교회에보낸 서신은 앞 부분에 위치해 있고, 개인에게 보낸 서신이 뒤에 위치해 있다. 디모데전서는 개인에게 보낸 서신들 중에 가장 앞에 위치해 있다. 디모데라는 인물의 비중과 성경 분량 때문일 것이다. 개인에게 보낸 서신 4개 중에 앞의 3개 곧 디모데전후서와 디도서는 목회서신이라고 부른다. 바울이 디모데와 디도에게 곧 목회자가 목회자에게 목회에 관하여 쓴 서신이기 때문이다.

사도행전은 바울이 감옥에 갇혀 있는 것으로 마친다. 디모데전서는 그 이후의 시대에 대한 이야기다. 주후 60년-65년 감옥에서 나온 후 전도여행 중 디모데전서와 디도서를 기록하였고 다시 감옥에 갇힌 후 디모데후서를 기록한 것으로 보인다.

디모데전서에서는 바울이 아들과 같으며 후배 목회자인 디모데에게 어떻게 목회해야 하는지를 말해주고 있다. 특별히 교회의 많은 문제를 다루고, 교회라는 조직을 세워가는 면에 있어 교회를 교회되게 해야 하는 측면을 많이 말하고 있다. 교회라는 거룩한 공동체가 거룩히 세워지도록 노력할 것을 권면하고 있다. 디모데전서의 핵심 단어는 경건이다. '하나님을 경외함에서 나오는 행동'으로서 경건을 디모데전서에서 잘 들어야 한다.

"하나님께서 지으신 모든 것이 선하매 감사함으로 받으면 버릴 것이 없나니 하나님의 말씀과 기도로 거룩하여짐이라" (딤전 4:4-5) 이 말씀은 내가 개인적으로 매우 좋아하는 말씀이다. 이 말씀은 거짓 교사들을 대항하는 말씀이다. 거짓이 난무하는 시대에 우리는 말씀과 기도로 무장하고 살아야 한다. 말씀과 기도가 삶을 거룩하게 한다. 말씀과 기도가 없으면 삶은 혼란과 타락으로 가득하게 된다.

1 우리 구주 하나님과 우리의 소망이신 그리스도 예수의 명령을 따라 그리스도 예수의 사도 된 바울은
2 믿음 안에서 참 아들 된 디모데에게 편지하노니 하나님 아버지와 그리스도 예수 우리 주께로부터 은혜와 긍휼과 평강이 네게 있을지어다
3 내가 마게도냐로 갈 때에 너를 권하여 에베소에 머물라 한 것은 어떤 사람들을 명하여 다른 교훈을 가르치지 말며
1 From Paul, an apostle of Christ Jesus by order of God our Saviour and Christ Jesus our hope-
2 To Timothy, my true son in the faith: May God the Father and Christ Jesus our Lord give you grace, mercy, and peace.
3 I want you to stay in Ephesus, just as I urged you when I was on my way to Macedonia. Some people there are teaching false doctrines, and you must order them to stop.

1:3 다른 교훈을 가르치지 말며. 디모데를 에베소 교회에 남긴 것은 교회에 좋지 않은 징조가 보였기 때문인 것으로 보인다. '다른 교훈을 가르치는 어떤 사람들'이 있었기 때문이다.

4 신화와 끝없는 족보에 몰두하지 말게 하려 함이라 이런 것은 믿음 안에 있는 하나님의 경륜을 이룸보다 도리어 변론을 내는 것이라
4 Tell them to give up those legends and those long lists of ancestors, which only produce arguments; they do not serve God's plan, which is known by faith.

1:4 신화와 끝없는 족보에 몰두하지 말게 하려 함이라. '신화'는 '만들어진 이야기'를 의미하는 것으로 보인다. 성경의 인물이나 사건에 대해 성경에 기록된 것이 아닌 많은 전설들이 있었는데 그러한 이야기다. 탈무드 같은 경우 많은 교훈적 이야기가 있다. 처음에는 성경을 잘 가르치기 위한 목적이었다. 그러나 이야기는 이야기를 낳아 수많은 전설들이 만들어졌다. 거짓과 속임수의 이야기들이 난무하였다.
끝없는 족보. 족보를 찾고 족보를 상징적으로 이야기하는 것을 말하는 것인데 그것의 특징이 '끝없는' 것이라는 것이다. 모순적이고, 논점이 명확하지 않다. 그래서 더욱 미궁으로 빠져들어가게 하였다. **하나님의 경륜을 이룸보다 도리어 변론을 내는 것이라.** 그러한 이야기가 성경을 밝히 드러내고 성경을 통해 일하시는 하나님의 통치에 대해 드러낸다면 좋은 것이지만 쓸데없는 변론만 일으킨다고 말하고 있다. 믿음은 하나님의 일하심을 보고 전하는 것이 되어야 한다. 하나님의 역사를 말해야 한다.

5 이 교훈의 목적은 청결한 마음과 선한 양심과 거짓이 없는 믿음에서 나오는
사랑이거늘
5 The purpose of this order is to arouse the love that comes from a pure heart, a clear
conscience, and a genuine faith.

1:5 이 교훈의 목적은...사랑이거늘. 복음의 목적은 사랑이다. 하나님을 더 사랑하고
이웃을 사랑하는 것이 더 풍성해야 한다. 인간적인 재미 있는 이야기나 사색적인 족
보 이야기가 아니라 성경이 말하는 바 하나님 이야기를 전하여 하나님의 사랑과 이
웃을 향한 사랑의 진보가 있어야 한다. 사랑의 수고가 있어야 한다.

6 사람들이 이에서 벗어나 헛된 말에 빠져
6 Some people have turned away from these and have lost their way in foolish discussions.

1:6 헛된 말에 빠져. '성경'과 '하나님의 사랑'에서 벗어나 '헛된 말'에 빠져 있는 거짓
교사를 경계해야 한다고 말한다. 오늘날에도 어떤 목회자들은 설교 시간에 이것저것
말을 많이 하지만 '헛된 말'인 경우가 많다. 거짓 예화를 만들고, 하나님의 이름을 사
용하지만 성경 아닌 것을 가르친다. 자신들의 생각을 주입한다. '하나님의 일'이 아니
라 '자신의 일'이 되게 하는 것이 목적이다. 거짓 교사도 문제요 거짓 교사에 빠져 있
는 것도 문제다.

7 율법의 선생이 되려 하나 자기가 말하는 것이나 자기가 확증하는 것도 깨닫
지 못하는도다
7 They want to be teachers of God's law, but they do not understand their own words or the
matters about which they speak with so much confidence.

1:7 율법의 선생이 되려 하나 자기가 말하는 것...깨닫지 못하는도다. 말씀을 전하지만
말씀이 의미하는 것을 이해하지 못하고 멋대로 가르치는 사람들을 말한다. 그런 거
짓 교사는 항상 있다. 오늘날은 잘 이해하도록 신학교를 졸업하고 가르치게 하지만
엉터리 신학교를 나와 전하는 사람도 있고, 공부하지 않고 전하는 사람도 있으며, 자
신의 관점이 더 중요하여 자신의 관점대로만 전하는 사람도 있다.

8 그러나 율법은 사람이 그것을 적법하게만 쓰면 선한 것임을 우리는 아노라

8 We know that the Law is good if it is used as it should be used.

1:8 율법은...적법하게만 쓰면 선한 것임을. 모든 율법은 하나님께서 우리를 위하여 주신 것이다. 그러니 당연히 선하고 좋다. 그런데 사람들이 그것을 가지고 자신들의 목적을 이루는데 사용하면서 문제가 된다. 율법의 목적을 잘 알아야 한다.

9 알 것은 이것이니 율법은 옳은 사람을 위하여 세운 것이 아니요 오직 불법한 자와 복종하지 아니하는 자와 경건하지 아니한 자와 죄인과 거룩하지 아니한 자와 망령된 자와 아버지를 죽이는 자와 어머니를 죽이는 자와 살인하는 자며
9 It must be remembered, of course, that laws are made, not for good people, but for lawbreakers and criminals, for the godless and sinful, for those who are not religious or spiritual, for those who kill their fathers or mothers, for murderers,

1:9 율법은 옳은 사람을 위하여 세운 것이 아니요. '옳은 사람'(의롭게 된 신앙인)에게는 율법이 필요 없다'는 뜻이 아니다. 어떤 면에 있어서는 그것을 더 잘 지킨다는 의미다. 더 잘 지키며 그것을 넘어 '하나님을 드러내는 사람'이다.
법은 그것을 어기는 사람에게는 꼭 필요하다. 그러나 그것을 지키는 사람에게는 필요하지 않다. 진짜 필요 없어서가 아니라 잘 지키기 때문에 그렇게 말한다.
더 중요하게는 신앙인에게는 율법이 적용되는 것이 조금 다르다는 것을 의미한다.
율법의 완성 시대다. 본체이신 그리스도가 오시기 전에는 의식법을 비롯한 많은 것이 그림자다. 본체이신 그리스도가 오신 이후에는 율법을 조금 더 본질적으로 볼 수 있게 되었다. 신약 시대의 사람들은 그림자를 따라 살고 있었기 때문에 많은 부분 제한적이었다.
율법의 목적을 잘 알아야 한다. 그래야 그림자와 본체가 연합하여 하나가 된다. 무엇보다 신앙인은 율법을 통해 하나님을 바라본다. 율법 자체가 목적이 아니다. 하나님이 목적이다. 율법을 지키면서 하나님의 뜻을 행하고, 연약하여 율법을 어기게 되면 하나님의 긍휼과 은혜를 구하며 하나님을 바라본다.

10 음행하는 자와 남색하는 자와 인신 매매를 하는 자와 거짓말하는 자와 거짓 맹세하는 자와 기타 바른 교훈을 거스르는 자를 위함이니
11 이 교훈은 내게 맡기신 바 복되신 하나님의 영광의 복음을 따름이니라
10 for the immoral, for sexual perverts, for kidnappers, for those who lie and give false testimony or who do anything else contrary to sound doctrine.

11 That teaching is found in the gospel that was entrusted to me to announce, the Good News from the glorious and blessed God.

1:11 하나님의 영광. 이것을 좇아가야 복음이다. 율법을 통해 계시하신 하나님의 뜻을 따르며 하나님의 영광을 따라 살아야 한다. 율법을 따르지 않거나 율법의 핵심인 하나님과 하나님의 사역을 드러내지 못한다면 그것은 거짓 선생이다.

12 나를 능하게 하신 그리스도 예수 우리 주께 내가 감사함은 나를 충성되이 여겨 내게 직분을 맡기심이니
12 I give thanks to Christ Jesus our Lord, who has given me strength for my work. I thank him for considering me worthy and appointing me to serve him,

1:12 나를 능하게 하신 그리스도 예수 우리 주께 내가 감사함은. 바울은 그의 능력이 예수 그리스도로부터 온 것임을 말한다. 그의 능력은 예수 그리스도를 닮아 '죽는 것이고 부활하는 것'이다. 모든 신앙인의 능력이 이것이어야 한다. 엉뚱한 능력을 찾지 말고 그리스도의 능력을 구해야 한다.

13 내가 전에는 비방자요 박해자요 폭행자였으나 도리어 긍휼을 입은 것은 내가 믿지 아니할 때에 알지 못하고 행하였음이라
13 even though in the past I spoke evil of him and persecuted and insulted him. But God was merciful to me because I did not yet have faith and so did not know what I was doing.

1:13 내가 전에는 비방자요. 바울이 '전에는' 그리스도를 비방하는 사람이었다. **도리어 긍휼을 입은 것은 내가 믿지 아니할 때에 알지 못하고 행하였음이라.** 모르고 범한 죄도 죄다. 그러나 하나님께서 긍휼을 베푸셨다. 모르고 행한 것이기에 정상참작이 되었다.

14 우리 주의 은혜가 그리스도 예수 안에 있는 믿음과 사랑과 함께 넘치도록 풍성하였도다
14 And our Lord poured out his abundant grace on me and gave me the faith and love which are ours in union with Christ Jesus.

1:14 주의 은혜가...넘치도록 풍성하였도다. 은혜가 풍성하여 긍휼을 베푸시고 구원의 길을 가게 하신다. 바울의 아킬레스건은 오히려 하나님의 은혜를 더욱 깨닫게 되는 핵심이 되었다.

15 미쁘다 모든 사람이 받을 만한 이 말이여 그리스도 예수께서 죄인을 구원하
시려고 세상에 임하셨다 하였도다 죄인 중에 내가 괴수니라
15 This is a true saying, to be completely accepted and believed: Christ Jesus came into the
world to save sinners. I am the worst of them,

1:15 미쁘다 모든 사람이 받을 만한 이 말이여. 이 구절이 바울의 전체 글 중에 5번 나
오는데 강조할 때 사용하는 구절이다.

예수께서 죄인을 구원하시려고 세상에 임하셨다. 예수님은 죄인을 구원하시길 원하신
다. 죄인이라고 내치는 것이 아니라 그가 구원을 받기를 원하신다. 예수님께서 구원하
시기 위해 오셨기 때문에 어떤 죄인이라도 예외가 없다. 죄인을 구원하기 위해 오신
예수님께 나가기만 하면 된다. 죄인이기 때문에 구원을 못 받는 것이 아니라 죄인이기
때문에 구원을 받는다.

16 그러나 내가 긍휼을 입은 까닭은 예수 그리스도께서 내게 먼저 일체 오래
참으심을 보이사 후에 주를 믿어 영생 얻는 자들에게 본이 되게 하려 하심이라
16 but God was merciful to me in order that Christ Jesus might show his full patience in
dealing with me, the worst of sinners, as an example for all those who would later believe in
him and receive eternal life.

1:16 내게 먼저 일체 오래 참으심을 보이사 후에...본이 되게 하려. 바울은 자신이 긍휼
을 입은 것이 다른 사람들에게 '본이 될 것'이라 말한다. 자신이 죄인이었다고 주저할
것이 아니라 담대히 하나님께 나가야 한다. 이웃을 향해 오래 참아 주어야 한다.

17 영원하신 왕 곧 썩지 아니하고 보이지 아니하고 홀로 하나이신 하나님께 존
귀와 영광이 영원무궁하도록 있을지어다 아멘
17 To the eternal King, immortal and invisible, the only God—to him be honour and glory for
ever and ever! Amen.

1:17 우리는 이렇게 찬양해야 한다. 오직 은혜를 아는 사람이 이렇게 찬양하고 싶은
마음이 가득하다. 우리가 은혜를 더 깊이 깨닫고 알아 이렇게 찬양하고 싶은 사람이
되어야 한다. 찬양하는 사람이 되어야 한다.

18 아들 디모데야 내가 네게 이 교훈으로써 명하노니 전에 너를 지도한 예언을

따라 그것으로 선한 싸움을 싸우며

18 Timothy, my child, I entrust to you this command, which is in accordance with the words of prophecy spoken in the past about you. Use those words as weapons in order to fight well,

1:18 선한 싸움을 싸우며. '싸움'은 군대 용어다. 군사가 목숨 걸고 싸우듯이 영적 싸움을 해야 한다. 그리스도 예수께서 죄인을 구원하시려고 세상에 임하셨다. 우리를 구원하시려 하늘 보좌 비우고 이 세상에 오셨다. 죄 많고 고난 많은 이 세상에 오셨다. 어떤 전쟁보다 더 힘든 임함이다. 예수님께서 그렇게까지 하셨다. 그렇게 큰 은혜가 있다. 그런데 정작 구원을 받아야 하는 신앙인들이 '싸움'을 하지 않고 있으면 안 된다.

세상은 우리를 죄에 묶어 두려는 수많은 계략이 있다. 세상 자체가 죄로 가득하다. 악한 영은 우리를 갖은 방법으로 죄에 빠져 있게 한다. 우리 안의 죄는 죄를 즐기게 한다. 사방이 죄로 가득하다. 우리가 죄의 구렁텅이에서 빠져나가는 것을 막기 위해 강하게 끌어당기고 있다. 그러니 싸워야 한다. 우리의 손을 잡고 있는 세상을 강하게 뿌리쳐야 한다. 발을 잡고 있는 악한 영의 손을 발버둥치며 차버려야 한다. 무엇보다 내 안의 죄가 우리를 세상에 묶어 두려고 하기에 자기 자신을 쳐 복종시켜야 한다. 죄와의 싸움이 어찌 전쟁이 아니고 무엇이겠는가? 편안히 있다는 것은 이 전쟁을 하고 있지 않다는 뜻이다.

19 믿음과 착한 양심을 가지라 어떤 이들은 이 양심을 버렸고 그 믿음에 관하여는 파선하였느니라

19 and keep your faith and a clear conscience. Some people have not listened to their conscience and have made a ruin of their faith.

1:19 믿음과 착한 양심을 가지라. 믿음이라는 것은 포괄적이다. 그런데 때로는 좁은 의미로 특별 계시적인 측면 즉 종교적인 측면만 말할 수 있다. 그러면 믿음은 특별계시의 대표요, 착한 양심은 일반 계시의 대표로 말하고 있다고 생각할 수 있다. '믿음'은 하나님을 향한 바른 지식과 신뢰요 '착한 양심'은 '옳은 것을 선택하는 것'이다. 윤리적인 측면을 담고 있다. 어떤 사람은 소위 '믿음'이 좋은데 '착한 양심'이 없는 사람이 있다. 불량한 양심으로 거짓말을 하고 악한 행동을 한다. 십일조도 잘 내고 교회도 열심인데 양심은 분명히 불량한 양심인 사람이 있다. 그런 사람들은 스스로는 믿음이 있다고 생각할 것이다. 그러나 실제로는 믿음이 없는 사람이다.

양심을 버렸고 그 믿음에 관하여는 파선하였느니라. 양심을 버리면 믿음도 파선한다. 불량한 양심은 믿음이 아니다. 비양심적인 리더는 교회와 복음에 매우 큰 해가 된다.

20 그 가운데 후메내오와 알렉산더가 있으니 내가 사탄에게 내준 것은 그들로 훈계를 받아 신성을 모독하지 못하게 하려 함이라
20 Among them are Hymenaeus and Alexander, whom I have punished by handing them over to the power of Satan; this will teach them to stop their blasphemy.

1:20 후메내오와 알렉산더가 있으니 내가 사탄에게 내준 것은. 이것은 바울이 그들을 교회에서 출교했다는 것을 의미한다. 이런 결정을 하기까지 바울이 얼마나 마음이 아프고 힘들었을까? 그런데 바울은 담대하게 그렇게 결정하였다. 바울 자신이 하나님의 긍휼과 오래 참음으로 구원을 얻었다. 그러기에 후메네오와 알렉산더에게도 그렇게 해야 할 것 같은데 바울은 그들에게 매정하고 단호하게 결정하였다. 왜 그럴까?
신성을 모독하지 못하게. 기독교인의 잘못된 믿음의 지식은 신성을 모독한다. 불량한 양심도 신성을 모독한다. 이론적 이단이 있는 것처럼 실천적 이단도 있다. 그들은 결코 구원이 없다. 그러한 것은 바이러스처럼 교회를 병들게 한다. 그래서 바울은 교회를 보호하기 위해 그렇게 결정한 것으로 보인다. 그것이 매우 힘들었을 것이다. 그래서 선한 싸움이다.

2장

1 그러므로 내가 첫째로 권하노니 모든 사람을 위하여 간구와 기도와 도고와 감사를 하되
1 First of all, then, I urge that petitions, prayers, requests, and thanksgivings be offered to God for all people;

2:1 모든 사람을 위하여 간구와 기도와 도고와 감사. 예수님은 죄인을 구원하시려고 이 땅에 오셨다. 성육신하셨다. 십자가를 지셨다. 구원이 얼마나 중요한지를 볼 수 있다. 그렇다면 우리도 이 구원을 위해 살아야 한다. 세상을 보라. 모두 구원받아야 하는 사람들이다. 모든 사람의 구원을 위해 기도해야 한다. '간구, 기도, 도고, 감사'를 말한다. 기도에 대해 여러가지 측면을 말한 것이다. 모든 종류의 사람, 모든 대상의 사람들

을 위해 기도해야 한다. 기도의 종류로 4가지나 말하고 있다. 형식적인 기도가 되지 않고 실제적이고 풍성한 기도를 해야 함을 말하는 것이다.

2 임금들과 높은 지위에 있는 모든 사람을 위하여 하라 이는 우리가 모든 경건과 단정함으로 고요하고 평안한 생활을 하려 함이라
2 for kings and all others who are in authority, that we may live a quiet and peaceful life with all reverence towards God and with proper conduct.

2:2 임금들과 높은 지위에 있는 모든 사람을 위하여 하라. 앞에서 말한 모든 사람들 중에 구체적으로 예를 든 것이다. 이 당시 상황에는 임금과 높은 지위의 사람들이 서민들을 착취하는 경우가 많았다. 그들은 미움의 대상이 되기 쉬웠다. 그러나 이제 그들을 위해 기도해야 한다. 그들도 구원받아야 하는 사람들이다.
모든 경건과 단정함으로 고요하고 평안한 생활을 하려 함이라. 이들을 위해 기도해야 하는 이유는 구원만이 아니라 다른 이유도 있었다. 세속 나라를 위해 기도해야 하는 것은 그래야 우리가 하나님 나라에 더 집중할 수 있기 때문이다. 세상 나라가 안정되어야 신앙인이 신앙생활에 집중할 수 있다. 나라가 혼란스러우면 그러한 일 자체로 에너지가 너무 허비될 수 있다. 그러기에 나라의 위정자들이 나라를 잘 다스려 질서와 안정이 있도록 기도해야 한다.

3 이것이 우리 구주 하나님 앞에 선하고 받으실 만한 것이니
4 하나님은 모든 사람이 구원을 받으며 진리를 아는 데에 이르기를 원하시느니라
3 This is good and it pleases God our Saviour,
4 who wants everyone to be saved and to come to know the truth.

2:4 기도해야 하는 가장 중요한 목적과 이유가 있다. **모든 사람이 구원을 받으며.** 하나님께서 모든 사람이 구원을 받는 것을 원하신다 말씀한다. 기도해야 하는 가장 중요한 목적과 이유다. 이 말씀을 예정과 연관시키면서 복잡하게 생각하지 말아야 한다. 이것은 있는 그대로 받아들여야 한다. 하나님은 할 수만 있다면 모든 사람이 구원받는 것을 기뻐하신다. 그러기에 우리는 모든 사람이 복음을 알고 구원에 이르도록 기도해야 한다.
내가 좋아하는 사람과 싫어하는 사람을 구분하지 말고, 자신의 조국과 이웃 나라를 가리지 말고, 어떤 사람도 차별하지 말고 모든 사람을 위해 기도하는 마음을 가져야

한다. 물론 우리는 가까운 사람을 위해 더 많이 기도하게 될 것이다. 그것은 차별이 아니다. 그러나 가족안에서 차별하지 말아야 하듯이 지역 안에서 차별하지 말아야 하고 어떤 경우도 차별하지 말고 모든 사람을 위해 기도해야 한다.

5 하나님은 한 분이시요 또 하나님과 사람 사이에 중보자도 한 분이시니 곧 사람이신 그리스도 예수라
5 For there is one God, and there is one who brings God and human beings together, the man Christ Jesus,

2:5 사람들이 잘 살고 있는 것 같으나 그렇지 않음을 우리는 잘 알고 있다. **중보자도 한 분이시니.** 오직 그리스도 예수를 통해서만 구원이 있다. 믿음이 없는 사람들이 장차 영원한 세계에서 겪게 될 영벌을 우리는 안다. 그러기에 그들을 위해 기도하지 않을 수 없다.

6 그가 모든 사람을 위하여 자기를 대속물로 주셨으니 기약이 이르러 주신 증거니라
7 이를 위하여 내가 전파하는 자와 사도로 세움을 입은 것은 참말이요 거짓말이 아니니 믿음과 진리 안에서 내가 이방인의 스승이 되었노라
8 그러므로 각처에서 남자들이 분노와 다툼이 없이 거룩한 손을 들어 기도하기를 원하노라
6 who gave himself to redeem everyone. That was the proof at the right time that God wants everyone to be saved,
7 and that is why I was sent as an apostle and teacher of the Gentiles, to proclaim the message of faith and truth. I am not lying; I am telling the truth!
8 In every church service I want the men to pray, men who are dedicated to God and can lift up their hands in prayer without anger or argument.

2:8 구원에 있어 가장 중요한 대상은 무엇보다 자기 자신이다. **각처에서.** 아마 곳곳에 있는 작은 교회들을 의미할 것이다. 이 당시에는 교회 건물이 따로 있지 않았다. 가정집이 주일에는 예배당이 되었다. 가정집을 개조하여 예배당으로 사용하기도 하였다. **남자들이...거룩한 손을 들어.** '거룩한 손을 들어'라는 말은 예배하면서 손을 들어 세상에서 죄를 범한 손을 깨끗이 씻어 주시기를 기도하는 것일 수 있다. 그런데 그것보다 세상에서 '도덕적인 삶을 살고'로 해석하는 것이 더 나을 것 같다. 경건하고 거룩하게 살 때 그 손은 '거룩한 손'이 된다. 하나님의 뜻대로 살기 위해 힘을 다하고, 그 삶

을 가지고 와서 하나님께 그 손(삶)을 들고 기도하며 예배하는 모습을 말한다. 공예배를 성공하기 위해서는 먼저 삶 예배를 성공하는 것이 매우 중요하다. 공예배는 삶과 동떨어진 것이 아니다.

분노와 다툼이 없이. 남자들이 세상에서 보통 '분노와 다툼'으로 살 때가 많다. 더 멋있고 싶은데 그렇지 못하여 화가 있다. 더 힘 세고 싶고, 더 가지고 싶은데 가지지 못하여 분노가 많다. 더 가지기 위해 '다툼'을 한다. 세상은 전쟁터라고 말한다. 더 많이 가지기 위해 다투기 때문이다. 그러한 분노와 다툼이 끝이 없다. 대체 언제 끝날까? 세상 모든 것을 가지면 끝나는 것이 아니다. 오직 창조주 앞에 설 때만 끝난다. 하나님 앞에 예배자로 서야 한다.

기도하기를 원하노라. 인생은 피조물인 자신의 뜻에 따라 살면 안 된다. 세상의 것을 더 가지기 위해 사는 것이 아니다. 창조주의 뜻을 따라 살기 위해 분투해야 한다. 거룩한 삶을 살고 거룩한 삶에 대한 보고와, 그렇지 못한 부분이 있으면 그것에 대한 회개를 하면서 손을 들고 기도하며 예배해야 한다. 하나님께 그렇게 예배할 때 세상을 향한 분노와 다툼이 끊어지고 자신의 구원을 위해 가슴을 치는 것이 시작된다.

9 또 이와 같이 여자들도 단정하게 옷을 입으며 소박함과 정절로써 자기를 단장하고 땋은 머리와 금이나 진주나 값진 옷으로 하지 말고
10 오직 선행으로 하기를 원하노라 이것이 하나님을 경외한다 하는 자들에게 마땅한 것이니라
9 I also want the women to be modest and sensible about their clothes and to dress properly; not with fancy hair styles or with gold ornaments or pearls or expensive dresses,
10 but with good deeds, as is proper for women who claim to be religious.

2:9-10 여성들의 예배에 대해서도 권면한다. **이와 같이.** 남자들이 예배에 올 때 그렇게 하는 것처럼 여자가 예배에 올 때 어찌해야 하는지를 말한다. **땋은 머리와 금이나...선행.** '화려하고 값비싼 보석'을 장식하고 오는 것이 아니라 '선행'으로 장식하고 와야 한다고 말씀한다. 선행을 하는 것을 결코 가벼이 여기지 말아야 한다. 값싼 은혜론자들 때문에 선행이 무시되지만 실제로는 매우 중요하다. 사람들은 비싼 옷을 입어야 무시 받지 않고 자존감이 올라간다고 생각한다. 그러나 예배는 사람이 아니라 하나님께 나가는 것이다. 하나님께 나가는 자는 비싼 옷이나 명품이 아니라 하나님께서 인정하시는 선행을 장식품으로 걸치고 가야 한다. 하나님께 나갈 때 옷을 벗고 가는 사람이 되지 말아야 한다. 하나님을 경외하기에 세상에서 어떻게 살았는지 열매로 드

러나는 아름다운 선행이라는 장식품이 있어야 한다. 그 장식품을 사람들은 보지 못하지만 하나님은 보신다.

11 여자는 일체 순종함으로 조용히 배우라
11 Women should learn in silence and all humility.

2:11 여성들의 예배에 대해 조금 특별한 말을 한다. **배우라.** 이것을 남여 평등권 문제로 생각하여 수많은 논문과 책이 나왔다. 그러나 이 본문은 그것보다는 오히려 '배움'에 대한 것으로 보는 것이 맞다. 당시 유대 회당은 여성들에게 그리 호의적이지 않았다. 안식일이나 특별한 절기에는 여성들도 회당에 참여하였지만 매일 회당에서 배우는 것은 남자들의 전유물이었다. 오직 남성만 회당에 가고 배울 수 있었다. 그런데 바울은 교회 예배당에 여성도 참여하여 배워야 함을 말하고 있다. 여성이라고 배움에서 제외되어서는 안 된다. 자신의 구원을 이루어 감에 있어 배움은 매우 중요한 부분이다. 예배에 참여하여 배워야 한다.

순종함으로 조용히. 이것은 '여성이 남성에 대한 순종'을 말하는 것 같지만 실제로는 '학생이 선생에 다한 순종'의 측면이 더 강하다. 이 당시 선생이 남자라고 남자에 대한 순종을 말하는 것은 아니다. 남자도 선생에게는 순종함으로 배워야 한다. 이 시대 교사에 대한 순종은 절대적이었다. '조용히'는 가정을 지키는 한 가지 수단이었을 것이다. 여성이 예배에서 가르치는 자기 남편에게 질문하거나 문제를 제기하면 가정불화가 될 수 있기 때문에 그것은 집에 가서 질문할 것을 말하는 것이다.

12 여자가 가르치는 것과 남자를 주관하는 것을 허락하지 아니하노니 오직 조용할지니라
13 이는 아담이 먼저 지음을 받고 하와가 그 후며
14 아담이 속은 것이 아니고 여자가 속아 죄에 빠졌음이라
15 그러나 여자들이 만일 정숙함으로써 믿음과 사랑과 거룩함에 거하면 그의 해산함으로 구원을 얻으리라
12 I do not allow them to teach or to have authority over men; they must keep quiet.
13 For Adam was created first, and then Eve.
14 And it was not Adam who was deceived; it was the woman who was deceived and broke God's law.
15 But a woman will be saved through having children, if she perseveres in faith and love and holiness, with modesty.

2:15 구원을 얻으리라. '믿음, 사랑, 거룩'을 이루어 갈 때 '구원'에 이른다고 말하고 있다. '해산'도 덧붙이고 있다. 꼭 해산해야 한다는 것은 아니다. 해산은 여성의 중요한 역할 중에 하나다. 하나님께서 주신 자신의 역할을 묵묵히 감당하며 믿음과 사랑과 거룩을 이루어 가는 모습이 구원을 이루어 가는 것임을 말한다.

3장

1 미쁘다 이 말이여, 곧 사람이 감독의 직분을 얻으려 함은 선한 일을 사모하는 것이라 함이로다
1 This is a true saying: if a man is eager to be a church leader, he desires an excellent work.

3:1 모든 사람을 구원하고자 하시는 하나님의 마음을 교회도 가져야 한다. 하나님의 구원사역이 이 땅에 이루어지도록 모든 교회가 힘을 다해야 한다. 특별히 교회 리더는 더욱 그러하다. **미쁘다 이 말이여.** 관용구로 이 구절을 강조하고 있다. 이것을 아는 것이 중요하다.

감독의 직분을 얻으려 함은 선한 일을 사모하는 것이라. '감독'은 교회를 지키는 사람으로 오늘날 목회자나 리더를 의미한다. 오늘날 목사는 여러 면에서 매우 힘든 일이다. 장래가 어둡다. 가정의 경제를 책임질 수 없고 사람들의 존경과 인정도 받기 힘들 것이다. 그러나 그럼에도 불구하고 누군가 목사가 되고 싶다고 한다면 나는 기쁜 마음으로 환영할 것이다. 누군가 목사가 된다고 한다면 그것은 '선한 일'을 사모하기 때문일 것이다. 과거의 일부 목사처럼 목사가 세상의 영광의 자리인 것처럼 착각한다면 그는 목사가 되는 것이 불행이다. 그러나 '선한 일'을 사모하여 하고자 한다면 그것은 참으로 잘하는 것이다. 선한 일이란 무엇보다 '구원의 일'이다. 목사는 모든 일이 구원의 일과 직접 관련되어 있다. 물론 세상의 모든 일이 구원과 관련되어 있다. 그러나 목사의 일만큼 구원과 직접적으로 관련된 것은 없다. 그렇게 구원을 위해 살고자 하는 것은 좋은 일이다. 자신의 모든 일이 구원과 관련된다면 참 좋은 일이다.

2 그러므로 감독은 책망할 것이 없으며 한 아내의 남편이 되며 절제하며 신중하며 단정하며 나그네를 대접하며 가르치기를 잘하며
2 A church leader must be without fault; he must have only one wife, be sober, self-

controlled, and orderly; he must welcome strangers in his home; he must be able to teach;

3:2 한 아내의 남편이 되며. 다양한 해석이 가능하다. 결혼을 한 사람, 아내를 한 명만 둔 사람, 재혼하지 않는 사람, 자신의 아내에게 신실한 사람 등의 의미를 가질 수 있다. 마지막이 제일 가능성이 높다. 감독의 자격에 대해 바울은 하고 싶은 말이 많은 것 같다. 감독은 많이 준비되어야 하기 때문이다. 오늘 본문에서 말하는 자격은 주로 '내적인 인격'에 대한 것이다. 내적인 준비가 되어야 외적인 일을 할 수 있기 때문이다. 미국에서 목사에게 가장 큰 욕은 '성령 없이 목회하라'는 말이라고 들었다. 성령의 임재를 알지 못하고 목회를 하면 얼마나 힘들까? 목사가 근본적인 믿음 없이, 하나님과 교통하는 즐거움 없이 '일'을 하면 매우 힘들 것이다. 일을 잘 하느냐 못하느냐도 중요하겠으나 내적인 준비는 더욱더 중요하다. 내적인 준비가 되지 못하고 일을 잘하면 일을 잘하여도 의미 없다. 내적인 준비가 되면 일을 못하여도 귀하다.

3 술을 즐기지 아니하며 구타하지 아니하며 오직 관용하며 다투지 아니하며 돈을 사랑하지 아니하며
4 자기 집을 잘 다스려 자녀들로 모든 공손함으로 복종하게 하는 자라야 할지며
5 (사람이 자기 집을 다스릴 줄 알지 못하면 어찌 하나님의 교회를 돌보리요)
6 새로 입교한 자도 말지니 교만하여져서 마귀를 정죄하는 그 정죄에 빠질까 함이요
7 또한 외인에게서도 선한 증거를 얻은 자라야 할지니 비방과 마귀의 올무에 빠질까 염려하라
8 이와 같이 집사들도 정중하고 일구이언을 하지 아니하고 술에 인박히지 아니하고 더러운 이를 탐하지 아니하고

3 he must not be a drunkard or a violent man, but gentle and peaceful; he must not love money;
4 he must be able to manage his own family well and make his children obey him with all respect.
5 For if a man does not know how to manage his own family, how can he take care of the church of God?
6 He must be mature in the faith, so that he will not swell up with pride and be condemned, as the Devil was.
7 He should be a man who is respected by the people outside the church, so that he will not be disgraced and fall into the Devil's trap.
8 Church helpers must also have a good character and be sincere; they must not drink too much wine or be greedy for money;

3:8 집사. 집사는 교회 전문 사역자일 수도 있고 일반 사역자일 수도 있다. 교회 사역을 하기 때문에 그에게도 자격이 중요하다. 그가 감독과 다른 것은 '가르치는 것을 잘하는 것'만 없을 뿐 나머지는 다 같은 성격의 것이다. 그도 여전히 '구원'의 일을 하기 때문이다. 그가 집사로서 교회의 일을 할 때 모든 것이 구원의 일이다. 그래서 내적인 준비가 잘 되어 있어야 한다. 내적인 준비가 되어 있지 않으면 일을 할 때마다 그 일이 악취가 될 것이다. 내적인 준비가 잘 되어 있어야 일이 향기가 된다.

> **9** 깨끗한 양심에 믿음의 비밀을 가진 자라야 할지니
> **10** 이에 이 사람들을 먼저 시험하여 보고 그 후에 책망할 것이 없으면 집사의 직분을 맡게 할 것이요
> **11** 여자들도 이와 같이 정숙하고 모함하지 아니하며 절제하며 모든 일에 충성된 자라야 할지니라
>
> **9** they should hold to the revealed truth of the faith with a clear conscience.
> **10** They should be tested first, and then, if they pass the test, they are to serve.
> **11** Their wives also must be of good character and must not gossip; they must be sober and honest in everything.

3:11 여자들도 이와 같이 정숙하고. '여자'가 앞에 나온 집사들의 아내를 의미할 수 있고, 아니면 여자 집사를 의미할 수도 있다. 이 당시 여성들이 앞에서 일하는 경우가 드물었기 때문에 남자 집사의 아내를 의미한다고 보는 것이 맞을 것 같다. 교회 일을 하는 사람의 아내로 산다는 것이 쉽지 않다.

모함하지 아니하며. 사역자의 아내가 뒤에서 악한 소문을 내면 교회의 일을 망치는 길이 된다. 사람들은 그가 사역자의 아내이기 때문에 그가 하는 말을 사역자가 한 말로 생각할 것이다. 그래서 악한 소문은 마치 권위가 있는 것처럼 다른 사람들에게 전달된다. 그래서 더 큰 악한 영향을 미친다. 구원의 일을 방해한다. 그들은 직분자가 아님에도 직분자와 같은 영향을 미칠 수 있다는 것을 알고 조심해야 한다. 신중해야 한다. 존경스러운 사람이어야 한다.

> **12** 집사들은 한 아내의 남편이 되어 자녀와 자기 집을 잘 다스리는 자일지니
> **13** 집사의 직분을 잘한 자들은 아름다운 지위와 그리스도 예수 안에 있는 믿음에 큰 담력을 얻느니라
>
> **12** A church helper must have only one wife, and be able to manage his children and family well.
> **13** Those helpers who do their work well win for themselves a good standing and are able to

3:13 집사의 직분을 잘한 자들은 아름다운 지위.....얻느니라. 집사는 교회 내에서 궂은 일을 한다. 돈을 받는 것도 아니고 수고만 할 뿐이다. 그러나 그럼에도 불구하고 집사로서 일을 잘 하면 '아름다운 지위'를 얻을 것이다. 새로운 직책을 맡게 된다는 의미가 아니다. 집사로서 그가 사람에게 존경과 칭찬을 듣게 된다는 의미다. 그러한 존경과 칭찬은 영원한 나라에서 영원한 가치를 가질 것이다.

믿음에 큰 담력을 얻느니라. 믿음의 '확신'을 얻게 되는 것을 말한다. 집사의 직분을 감당하면서 다양한 일을 경험한다. 그것 때문에 힘이 들기도 하지만 결국은 하나님의 일을 이루어 가시는 하나님을 경험하게 될 것이다. 하나님을 경험하는 일이 쌓이면 당연히 믿음이 더욱 쌓이게 되고 자라게 된다. 그것이 참으로 큰 복이다.

오늘날 교회의 일을 하면서 오히려 믿음이 떨어지는 사람들이 있다. 그것은 교회의 일을 사람의 일처럼 하기 때문이다. 교회의 일을 할 때 당연히 하나님을 바라보고 하나님의 힘을 경험해야 하는데 사람의 생각과 사람의 마음으로 하기 때문에 교회 일을 하고 나면 상처만 남는 것이다. 그것은 교회 일을 잘못한 것이다. 교회 직분자가 되어 일을 할 때 분명히 힘든 것이 있다. 서로 맞지 않기 때문에 상처가 될 때도 많다. 그러나 그 상처도 모두 믿음으로 바꾸어야 한다. 하나님을 바라보면서 하나님께서 행하시는 것을 보아야 한다. 다시 선택을 해도 교회의 직분자가 되고 싶다고 스스로에게 말할 수 있어야 한다. 우리 같은 죄인이 하나님의 구원 사역에 동참할 수 있다는 것이 얼마나 큰 복인지 모른다.

> **14** 내가 속히 네게 가기를 바라나 이것을 네게 쓰는 것은
> **15** 만일 내가 지체하면 너로 하여금 하나님의 집에서 어떻게 행하여야 할지를 알게 하려 함이니 이 집은 살아 계신 하나님의 교회요 진리의 기둥과 터니라
> **14** As I write this letter to you, I hope to come and see you soon.
> **15** But if I am delayed, this letter will let you know how we should conduct ourselves in God's household, which is the church of the living God, the pillar and support of the truth.

3:15 바울은 이 편지를 쓰는 이유를 말한다. **하나님의 집에서 어떻게 행하여야 할지.** 바울이 에베소 교회에 늦게 가는 경우를 대비하여 디모데가 '하나님의 집에서 어떻게 행하여야 할지를 알게 하려' 썼다고 말한다.

이 집은 살아 계신 하나님의 교회. 교회에 대해 국어사전에서는 '예수 그리스도를 주로 믿고 따르는 신자들의 공동체 또는 그 장소'라고 정의한다. 그러나 '장소'는 틀린 말이

다. 교회의 헬라적 의미는 '회중'이다. 국어사전의 정의는 앞 부분만 맞다. 이론적 하나님이 아니라 살아 계신 하나님께서 임재하시는 곳이 교회다. 자신들이 만든 종교는 그들의 뜻대로 한다. 그러나 살아 계신 하나님이 임재하는 교회는 하나님께서 주신 법이 있다. 하나님이 살아 계셔서 임재하시니 하나님의 법을 지켜야 한다.

진리의 기둥. 교회는 진리를 떠받치는 기둥이다. 교회는 교회의 주인 되신 하나님께서 말씀하신 것을 굳건하게 지켜서 진리가 무너지지 않게 해야 한다. 진리를 바르게 가르치고 전해야 한다. 교회가 진리에 관심을 가지지 않고 엉뚱한 것에 관심을 가지지 말아야 한다. 교회의 최우선 관심은 늘 진리이어야 한다.

터. '터(헬. 헤드라이오마)'는 '방파제'라고 번역해도 좋다. 교회는 세상의 거짓과 제멋대로에 대항하여 말씀을 지키는 방파제 역할을 해야 한다. 세상에서 아무리 좋은 것이라 하여도 만약 말씀에 어긋난 것이라면 그것에 대항하여야 한다. 세찬 파도를 이겨내야 한다. 세상은 세찬 파도처럼 늘 진리를 무너뜨리려 할 것이다. 그러한 파도에 맞서 교회는 끝까지 진리를 지켜내야 한다.

16 크도다 경건의 비밀이여, 그렇지 않다 하는 이 없도다 그는 육신으로 나타난 바 되시고 영으로 의롭다 하심을 받으시고 천사들에게 보이시고 만국에서 전파되시고 세상에서 믿은 바 되시고 영광 가운데서 올려지셨느니라

16 No one can deny how great is the secret of our religion: He appeared in human form, was shown to be right by the Spirit, and was seen by angels. He was preached among the nations, was believed in throughout the world, and was taken up to heaven.

3:16 크도다 경건의 비밀이여. '경건의 비밀'은 쉽게 말하면 '복음'이다. 이전에는 사람들이 몰랐기 때문에 비밀이다. 주님 오심으로 밝히 계시된 놀라운 일이다. 이어 비밀에 대해 간략히 6연으로 된 시가 시작된다. 복음의 내용이다. 비밀의 내용이다. 핵심이 되는 앞의 3연까지만 보자.

그는 육신으로 나타난 바 되시고. 하나님의 아들이 육신이 되시고, 십자가에 못 박혀 죽으신 것이 얼마나 놀라운 일이요 복음인가? **영으로 의롭다 하심을 받으시고.** 주님이 부활하심으로 그 분의 모든 일들이 진리됨이 증거되었다. 부활보다 더 확실한 증거는 없다. **천사들에게 보이시고.** 천상의 보좌에서 천사들에게 보이시는 것을 말한다. 주님이 하늘에 오르셔서 그 분의 영광의 모습을 밝히 드러냈다. 하늘에서 모든 만물을 다스리신다. 이것이 얼마나 놀라운 일인가? 그것을 아는 사람이 어찌 그리스도를 닮아 사는 경건을 놓치겠는가?

1 그러나 성령이 밝히 말씀하시기를 후일에 어떤 사람들이 믿음에서 떠나 미혹하는 영과 귀신의 가르침을 따르리라 하셨으니

1 The Spirit says clearly that some people will abandon the faith in later times; they will obey lying spirits and follow the teachings of demons.

4:1 창조주 하나님의 놀라운 진리와 은혜가 너무 커서 신비라고 말한다. 그런데 어떤 이들은 그것을 몰라서 비밀이 된다. 교회에 다니면서도 복음을 알지 못하는 사람들이 있음이 매우 놀랍고 의아하다. 그러나 그것에 대해 이미 말씀하신다. **미혹하는 영.** 미혹하는 영이 복음을 깨닫지 못하게 하고 복음을 깨닫지 못한 사람들이 다른 사람이 깨닫지 못하도록 한다.

2 자기 양심이 화인을 맞아서 외식함으로 거짓말하는 자들이라

2 Such teachings are spread by deceitful liars, whose consciences are dead, as if burnt with a hot iron.

4:2 화인을 맞아서. '화인을 맞아(헬. 카우스테리아조)'는 뜨거운 철로 낙인을 찍는 것을 말한다. 2가지 해석이 가능하다. 하나는 뜨거운 철에 의해 타서 마비된 것을 의미할 수 있다. 두 번째는 철로 낙인을 찍은 것을 그대로 사용하여 악한 영의 낙인이 찍힌 사람이라는 것이다. 악한 영의 소유된 사람이기에 그렇게 말한다는 것이다. 둘 다 같은 것을 의미한다. 본질이 바뀌지 않고 겉모습만 바뀐 채 사는 사람들이다. 그러니 경건한 삶을 살 수 없다. **외식.** 그들은 겉으로는 열심이고 경건하게 보일 수 있다. 그러나 사실은 복음을 모르는 사람일 뿐이다. 그들은 '외식'이 특징이다. 모르면서 아는 것처럼 해야 하기 때문에 외식한다.

3 혼인을 금하고 어떤 음식물은 먹지 말라고 할 터이나 음식물은 하나님이 지으신 바니 믿는 자들과 진리를 아는 자들이 감사함으로 받을 것이니라

3 Such people teach that it is wrong to marry and to eat certain foods. But God created those foods to be eaten, after a prayer of thanks, by those who are believers and have come to know the truth.

4:3 혼인을 금하고 어떤 음식물은 먹지 말라. 그들은 그리스도를 주인으로 한 모든 삶

의 변화를 할 수 없으니 외적인 어떤 것에 집착하는 경향이 있었다. 복음으로 구원을 얻게 되는 것을 모르니 엉뚱한 다른 것을 가지고 구원에 이르려고 한다. 가르친다. 구원은 금욕적인 삶이나 기계적인 어떤 행위에 의해 이루어지는 것이 아니다. 구원은 그리스도 안에 있다. 복음 안에 있다. 말씀 안에 있다. 엉뚱한 곳에서 구원을 찾는 것은 진리에서 벗어난 것이다. 그들이 주장하는 것은 성경이 아니기 때문에 거짓이다.

4 하나님께서 지으신 모든 것이 선하매 감사함으로 받으면 버릴 것이 없나니
5 하나님의 말씀과 기도로 거룩하여짐이라
4 Everything that God has created is good; nothing is to be rejected, but everything is to be received with a prayer of thanks,
5 because the word of God and the prayer make it acceptable to God.

4:5 참으로 놀라운 진리가 거짓 가르침에 대항한 가르침 가운데 나온다. **말씀과 기도로 거룩.** 거짓 가르침에 대항하기 위해 '말씀과 기도'가 강조되고 있다. 말씀과 기도로 하나님의 뜻을 분별해야 한다. 세상에는 수많은 일들이 있다. 그것이 복음의 길인지를 말씀과 기도로 분별해야 한다. 우리는 순간순간 넘어지기 쉽다. 그래서 말씀과 기도로 분별해야 한다. 말씀과 기도로 분별되고 인도함을 받을 때 우리의 삶은 진리의 길을 가게 될 것이다. 거룩한 삶이 될 것이다.

6 네가 이것으로 형제를 깨우치면 그리스도 예수의 좋은 일꾼이 되어 믿음의 말씀과 네가 따르는 좋은 교훈으로 양육을 받으리라
6 If you give these instructions to the believers, you will be a good servant of Christ Jesus, as you feed yourself spiritually on the words of faith and of the true teaching which you have followed.

4:6 예수의 좋은 일꾼. 디모데에게 '그리스도 예수의 좋은 종'이 되라고 말한다. '일꾼'으로 번역한 단어는 '섬기는 자'로서 '종'으로 번역해도 좋은 단어다. 그가 목사라는 것보다 더 중요한 것은 하나님 앞에 '종'이라는 사실이다. 하나님 앞에 선 한 명의 신앙인으로서 특별히 종으로 서야 한다. **양육을 받으리라.** 양육의 대상은 자기 자신이다. 자신이 말씀으로 가르쳐도 그것이 결국은 자신을 말씀으로 가르친 것이 된다. 사람은 가르치면서 그것으로 자기 자신을 먼저 가르쳐야 한다. 자기 자신을 가르치지 않는 가르침은 참된 가르침이 아니다. 참된 가르침으로 가르치는 사람은 늘 자신을 가르치고 있는 것이다.

7 망령되고 허탄한 신화를 버리고 경건에 이르도록 네 자신을 연단하라

7 But keep away from those godless legends, which are not worth telling. Keep yourself in training for a godly life.

4:7 망령되고. '망령되고(헬. 베베로스)'는 가치 없고, 내용 없는 것을 의미한다. **허탄한.** '허탄한(헬. 그라오데스)'은 '나이 많은 여성들의 특성'이라는 뜻이다. 아마 수다를 생각하며 하고 있는 말 같다. 두 가지를 한꺼번에 '경건하지 않은'으로 번역하기도 한다. 하나님을 경외하는 것에서 나온 가치 있는 이야기가 아니라 들어도 그만 안 들어도 그만인 이야기를 말한다. 사람들의 대화나 심지어는 설교에서도 이런 이야기들이 많이 있다.

경건에 이르도록 네 자신을 연단하라. 디모데전서의 핵심 단어 하나를 꼽으라고 한다면 '경건(헬. 유세비아)'이다. 이 단어는 본래 기독교인이든 기독교인이 아니든 '신적인 대상을 향한 바른 태도에서 나오는 행동'을 의미한다. 기독교인에게 이 단어를 사용할 때 나는 이 단어를 '하나님을 경외함에서 나오는 행동'이라고 정의한다.

경건을 위해 연단해야 한다. 훈련해야 한다. 경건은 훈련 없이 될 수 있는 것이 아니기 때문이다. 엉뚱한 말단 늘어놓으며 말 장난하는 말 잔치의 삶이 아니라 경건이라는 구체적인 행동이 있는 삶을 살아야 한다. 그것을 위해 가야 하는 길이 멀다. 열심히 훈련하며 가야 하는 길이다.

8 육체의 연단은 약간의 유익이 있으나 경건은 범사에 유익하니 금생과 내생에 약속이 있느니라

8 Physical exercise has some value, but spiritual exercise is valuable in every way, because it promises life both for the present and for the future.

4:8 경건의 훈련과 육체의 훈련을 비교하고 있다. 육체의 훈련이 필요하다. 건강하기 위해서는 육체의 훈련이 필요하다. **육체의 연단은 약간의 유익이 있으나.** '약간의 유익'은 '약간의 기간 동안'으로 보아도 좋다. 육체의 훈련을 해서 건강하게 살 수 있다면 이 세상에 사는 동안 많은 유익이 있다.

경건은 범사에 유익하니. '경건의 훈련'은 이 세상에 사는 동안 그리고 내생의 영원한 기간에도 유익하다 말하고 있다.

'결국 돈이 최고다'라고 말하는 사람이 있다. 맞다. 돈이 많으면 많은 유익이 있다. 그러다 큰 병에 걸리고 나면 '건강이 최고다'라고 말한다. 건강은 더 많은 유익이 있다. 그러나 나는 '경건이 최고다'라고 자신 있게 말할 수 있다. '범사에 유익'하기 때문이

다. 경건은 그 사람의 모든 것을 복되게 한다.

금생과 내생에 약속이 있느니라. 경건은 지금 살고 있는 삶에 약속이 있다. 경건하게 산다는 것이 이 땅에서 얼마나 많은 열매를 맺는지 모른다. '내생'에까지 그것이 큰 영향을 미치고 복이 되게 한다고 말한다. 오늘 하나님을 경외하는 마음으로 누군가를 사랑하는 하나의 행동은 하나의 행동으로 끝나지 않고 내생에서까지 큰 열매를 맺게 한다.

9 미쁘다 이 말이여 모든 사람들이 받을 만하도다
10 이를 위하여 우리가 수고하고 힘쓰는 것은 우리 소망을 살아 계신 하나님께 둠이니 곧 모든 사람 특히 믿는 자들의 구주시라
9 This is a true saying, to be completely accepted and believed.
10 We struggle and work hard, because we have placed our hope in the living God, who is the Saviour of all and especially of those who believe.

4:10 이를 이하여 우리가 수고하고 힘쓰는 것은. 경건을 위해 '수고하고 힘쓰는 것'을 말한다. 경건을 위해 수고와 힘쓰는 것이 필요하다는 것을 볼 수 있다.

소망을 살아 계신 하나님께 둠이니. 경건은 사람의 얼굴이 아니라 하나님의 얼굴을 보고 행동하는 것이다. 사람의 얼굴을 보고 행동하면 사람으로부터 보상이 나온다. 하나님을 제대로 믿지 않는 사람이라면 하나님의 얼굴을 보고 하는 것은 아무 보상이 없는 것처럼 보일 것이다. 그래서 경건의 훈련을 돈을 버는 일보다 더 가치 없는 것으로 생각한다. 오직 하나님께 소망을 둔 사람만 경건의 훈련을 하는 것을 절대 가치로 생각한다.

11 너는 이것들을 명하고 가르치라
12 누구든지 네 연소함을 업신여기지 못하게 하고 오직 말과 행실과 사랑과 믿음과 정절에 있어서 믿는 자에게 본이 되어
11 Give them these instructions and these teachings.
12 Do not let anyone look down on you because you are young, but be an example for the believers in your speech, your conduct, your love, faith, and purity.

4:12 말과 행실...믿는 자에게 본이 되어. 경건해야 함을 말할 때 잘못하면 율법주의자가 될 수 있다. 경건은 행동이기 때문에 눈에 보인다. 그래서 다른 사람의 행동이 눈에 거슬리고 싸움이 될 수 있다. 비판주의자가 될 수 있다.

바울은 디모데에게 '본'이 되라고 말한다. 경건의 훈련에서 제일 중요한 것은 자기 자신이 경건한 사람이 되는 것이다. 다른 사람이 잘못하는 것을 보는 것이 아니라 자기 자신이 잘못하는 것을 보아야 한다.

평생 경건의 훈련을 해야 한다. 다른 사람을 고치려고 하면 평생 비난만 하다 끝날 것이다. 오직 자기 자신을 향할 때 경건의 훈련이 된다. 다른 사람을 비난하면 공동체는 경건 때문에 서로 부담이 될 것이다. 그러나 자기 자신을 훈련하면 서로 격려가 될 것이다.

13 내가 이를 때까지 읽는 것과 권하는 것과 가르치는 것에 전념하라
13 Until I come, give your time and effort to the public reading of the Scriptures and to preaching and teaching.

4:13 읽는 것. 예배 시간에 성경을 읽는 것을 의미한다. 이 당시는 개인이 성경을 가지고 있는 경우가 거의 없었기 때문에 성경을 읽기 위해서는 예배로 모여야 했다.

경건의 표본은 성경이다. 성경을 보면 하나님의 뜻을 알 수 있다. 사람에게 말씀하고 인도하시는 것을 보면 하나님께서 무엇을 원하시는지를 알 수 있다. 성경을 보고 생각하면 하나님이 각 사람의 삶에서 무엇을 원하실지를 유추할 수 있다. 그래서 말씀을 각자의 고유한 삶에 적용시키며 살아갈 수 있다. 그것이 하나님과의 동행이며, 그리스도의 내주다. 경건한 삶이다.

전념하라. 오늘날은 사람들이 개인적으로 성경을 가지고 있다. 이제 집에서도 성경을 읽고 묵상할 수 있다. 얼마나 행복하고 좋은 일인지 모른다. 그런데 정작 읽지 않음으로 복을 누리지 못하는 경우가 많다. 성경을 읽고 묵상하는 일에 전념해야 한다. 성경을 읽음으로 하나님의 뜻을 더 알 수 있다. 하나님의 뜻을 알아야 그것에 따라 사는 경건이 가능하다. 하루의 삶을 살더라도 하나님의 뜻에 따라 산 경건한 삶과, 하나님의 뜻에 어긋난 경건하지 않은 삶은 천지 차이만큼 다르다. 그러니 성경을 읽는 일에 전념하면서 늘 하나님의 뜻을 따라 살기 위해 힘써야 한다.

14 네 속에 있는 은사 곧 장로의 회에서 안수 받을 때에 예언을 통하여 받은 것을 가볍게 여기지 말며
15 이 모든 일에 전심 전력하여 너의 성숙함을 모든 사람에게 나타나게 하라
14 Do not neglect the spiritual gift that is in you, which was given to you when the prophets spoke and the elders laid their hands on you.

15 Practice these things and devote yourself to them, in order that your progress may be seen by all.

4:15 너의 성숙함을 모든 사람에게 나타나게 하라. 경건은 평생 가는 길이다. 평생의 삶이다. 평생의 삶이 하나님의 뜻에 합일되어 가는 것이다. 어찌 한 번에 될 수 있겠는가? 중요한 것은 진보다.

'성숙(헬. 프로코페)'이라는 단어는 '자르다'라는 단어를 어근으로 가지고 있다. 그래서 어떤 학자들은 이 단어가 '군대의 진격을 위해 나무와 관목을 베어내는 관습'에서 유래했다고 제안한다. 자르면서 길을 만들고 앞으로 나가는 것이다. 평생 그렇게 길을 만들면서 나가야 한다.

이 단어의 앞에 붙은 '프로'는 '앞으로'이다. 하나님께 가까이 이다. 하나님의 뜻을 찾는 것이 때로는 어렵다. 때로는 알면서도 행하는 것이 어렵다. 그러나 중요한 것은 우리가 그 모든 일에 하나님께 가까이 가는 마음으로 걸어가야 한다. 때로는 머리가 안 따라주고, 때로는 마음이 안 따라주고, 때로는 몸이 안 따라 준다. 그러나 씨름하며 하나님 앞으로 한 걸음씩 나가면 나도 모르게 되고 있는 것이다.

16 네가 네 자신과 가르침을 살펴 이 일을 계속하라 이것을 행함으로 네 자신과 네게 듣는 자를 구원하리라
16 Watch yourself and watch your teaching. Keep on doing these things, because if you do, you will save both yourself and those who hear you.

4:16 네 자신과 가르침을 살펴. 이러한 경건의 내용이 자신에게 있는지에 대해 주의 깊게 살펴보라는 말이다. 이러한 살핌이 필요하다. 자신의 삶이 예수 그리스도의 삶을 닮아가고 있는지 살펴야 한다.

이 일을 계속하라. 아주 중요하다. 한 걸음을 가더라도 매일 가면 어느새 정상에 오를 수 있다. 경건의 삶을 매일 걸어가야 한다. 멈추지 마라. 생명이 있는 한 멈추지 마라.

이것을 행함으로 네 자신과 네게 듣는 자를 구원하리라. 경건에 대한 결론이다. '이것을 행하지 않으면 구원을 얻을 수 없다'는 말이 된다. 경건은 현재적 구원(성화)을 이루어 가는 것이다. 구원의 모든 과정이 전적으로 하나님의 은혜의 과정이다. 그러나 또한 신앙인의 전투적 과정이 필요하다.

육체의 건강이 그냥 되는 것이 아니라 많은 훈련이 필요하듯이 경건이 그냥 되는 것이 아니다. 많은 훈련이 필요하다. 어떤 사람들은 '경건이 먼데?'라고 말한다. 참으로

안타까운 일이다. 신앙인은 구원이 얼마나 중요한지를 안다. 그렇다면 우리가 경건을 위해 얼마나 많이 노력해야 하는지를 생각해야 할 것이다.

5장

앞 부분에서 디모데 자신의 신앙을 가꾸는 것에 대해 이야기하였다. 그리고 이제 교회에서 다른 사람들과의 관계에 있어 어떻게 해야 하는지를 말한다. 목회에 대해 말한다.

1 늙은이를 꾸짖지 말고 권하되 아버지에게 하듯 하며 젊은이에게는 형제에게 하듯 하고

1 Do not rebuke an older man, but appeal to him as if he were your father. Treat the younger men as your brothers.

5:1 꾸짖지 말고 권하되. 1-2절은 헬라어로 한 문장으로 되어 있다. '꾸짖지 말고 권하되'는 '늙은이'에게만 해당하는 것이 아니라 늙은이, 젊은이, 늙은 여자, 젊은 여자 모두를 꾸미는 말이다. 디모데가 전하는 대상의 나이와 성이 어떠하든 상관없이 동일하고 가장 중요한 자세는 '꾸짖는 것이 아니라 권하는 것'이다. 경건은 하나님을 경외함에서 나오는 행동이기 때문에 겉으로 드러난다. 사람들이 그러한 행동을 하지 않을 때 '꾸짖는' 자세가 아니라 '권하는' 자세이어야 한다는 것이다.

'꾸짖다(헬. 에피플레쏘)'의 어근은 '때리다'이다. 이것이 상징적으로 사용되어 꾸짖다, 매섭게 나무라다 등의 의미가 된다. 상대가 누구이든 이러한 자세는 좋지 못하다. 이러한 자세는 상대방을 옳은 길로 가게 하는 것이 아니라 오히려 반감을 갖게 할 것이다. 거꾸로 가게 할 것이다. '권하라(헬. 파라칼레오)'의 '파라'는 '옆에서'의 뜻으로 이것이 내포하고 있듯 옆에서 말하는 것이다. 돕다, 격려하다 등의 의미를 가지고 있다. 누가 경건하기를 원하는가? 그 사람이 경건하지 못한 것을 꾸짖는 것이 아니라, 그 사람이 경건의 길을 갈 수 있도록 돕는 길을 찾아야 한다.

아버지에게 하듯. 아버지, 형제, 어머니, 자매에게 하듯이라고 말한다. 교회에서의 모든 관계를 가정에서의 관계로 승화시키고 있음을 볼 수 있다. 가정은 편안함이 전제된다. 사회에서는 그 사람의 허물을 잘 참아주지 못하지만 가정은 참아준다.

교회에서 경건을 훈련할 때 가정이 아닌 사회에서 관계처럼 된다면 서로 불경건을 참

아주지 못하여 전쟁터가 될 것이다. 비난의 장이 될 것이다. 그러나 가정의 구성원을 대하듯이 참아준다면 우호적인 상황에서 경건의 훈련을 할 수 있을 것이다.

경건의 훈련은 비난한다고 되는 것이 아니다. 매정하게 몰아붙인다고 되는 것이 아니다. 경건은 따스한 마음으로 격려하고 가족처럼 따스한 마음으로 보듬어 줄 때 진보를 이루어 갈 수 있다. 한 아이가 태어나면 혼자 걸을 수 없지만 가정의 보호아래 조금씩 자라가는 것처럼 경건의 훈련도 따스한 교회라는 가정에서 따스한 보호 아래 자라가야 하는 것이다. 그래야 자라갈 수 있다.

2 늙은 여자에게는 어머니에게 하듯 하며 젊은 여자에게는 온전히 깨끗함으로 자매에게 하듯 하라
3 참 과부인 과부를 존대하라
2 the older women as mothers, and the younger women as sisters, with all purity.
3 Show respect for widows who really are all alone.

5:3 3절부터 16절까지는 교회에서 가장 약자인 과부에 대한 이야기다. 구제에 대한 이야기다. 매우 길고 자세하게 설명하고 있다. 가장 약자이지만 교회가 결코 간과해서는 안 되는 대상임을 말하는 것이다. 그러면서도 지혜롭게 구제해야 한다는 것을 말한다.

참 과부. 아마 과부 중에 도움이 필요한 과부를 의미하는 것 같다. 과부 중에는 경제적으로 도움이 필요 없는 사람이 있을 것이다. 당시 여성들이 시집을 갈 때 주로 지참금을 가지고 갔다. 남편이 죽으면 아들이 있는 경우 아들이 그 지참금을 관리하며 어머니를 보살폈다. 아들이 없으면 친정집으로 가서 아버지의 돌봄을 받았다. 그런 경우 과부이기는 하지만 외부의 도움이 필요 없으니 참 과부가 아니다. 그래서 NIV성경은 '참 과부'를 의역하여 '도움이 필요한 과부'라고 번역한다.

과부를 존대하라. '존대'로 번역한 단어는 이후에 장로를 '존경'하는 것과, 종이 상전에게 '공경'하는 것을 말할 때의 단어와 같은 단어다. 부모를 공경하라고 말할 때도 사용한다. 과부는 교회에서 재정적으로 도움을 받는 사람이다. 그런데 그를 존대하라 말한다. 교회가 도와주는 대상이라고 쉽게 생각해서는 안 된다. 온전히 존대해야 한다. '돕는 것'이 존대이기도 하다.

4 만일 어떤 과부에게 자녀나 손자들이 있거든 그들로 먼저 자기 집에서 효를

행하여 부모에게 보답하기를 배우게 하라 이것이 하나님 앞에 받으실 만한 것
이니라

4 But if a widow has children or grandchildren, they should learn first to carry out
their religious duties towards their own family and in this way repay their parents and
grandparents, because that is what pleases God.

5:4 자녀나 손자들이 있거든 그들로 먼저 자기 집에서 효를 행하여. 돌볼 자식이 있으면
자식이 볼보는 것이 우선이고 원칙이다. 그런 경우 참 과부가 아니다.

5 참 과부로서 외로운 자는 하나님께 소망을 두어 주야로 항상 간구와 기도를
하거니와

5 A widow who is all alone, with no one to take care of her, has placed her hope in God and
continues to pray and ask him for his help night and day.

5:5 과부는 돈이 없고 도움을 받지만 그렇다고 경건도 없어서는 안 된다. 그는 오히려
'하나님께 소망을 두어 주야로 항상 간구와 기도'를 하는 사람이 되어야 한다. 과부가
돈이 없으면 오히려 그만큼 더욱더 믿음으로 채워가야 한다. 다른 이들에게 도움을
받는 만큼 오히려 기도로 도움을 주는 사람이 되어야 한다. 그것이 경건이다. 도움이
필요한 가난한 과부라 할지라도 경건이 전제되어야 한다.

6 향락을 좋아하는 자는 살았으나 죽었느니라

6 But a widow who gives herself to pleasure has already died, even though she lives.

5:6 향락을 좋아하는 자. 이것이 무엇을 의미하는지 분명하지 않다. 어떤 학자들은 과
부가 생계를 위해 몸을 파는 것을 완곡하게 표현한 것이라고 생각한다. 여하튼 이것
은 경건하지 않은 모든 것을 포함한다고 할 수 있다. 경건하지 않은 과부를 돕는 것은
오히려 그의 향락을 돕는 것이 될 수 있다. 경건한 과부를 돕는 것이 그의 경건을 돕
는 것이다.

7 네가 또한 이것을 명하여 그들로 책망 받을 것이 없게 하라
8 누구든지 자기 친족 특히 자기 가족을 돌보지 아니하면 믿음을 배반한 자요
불신자보다 더 악한 자니라
9 과부로 명부에 올릴 자는 나이가 육십이 덜 되지 아니하고 한 남편의 아내였

던 자로서

7 Give them these instructions, so that no one will find fault with them.
8 But if anyone does not take care of his relatives, especially the members of his own family, he has denied the faith and is worse than an unbeliever.
9 Do not add any widow to the list of widows unless she is over 60 years of age. In addition, she must have been married only once

5:9 과부로 명부에 올릴 자. 이것이 앞의 참 과부의 명부인지 아니면 앞의 과부와는 다른 과부를 말하는 것인지는 명확하지 않다. 그러나 과부의 명단에 올리는 나이가 육십 이상인 것을 보면 앞의 참 과부 이야기가 아니라 다른 종류의 과부에 대한 이야기인 것으로 보인다. 과부의 명부에 올려지는 이 과부들은 나이가 육십 이상이 되어야 했다. 그렇다면 특별한 과부라는 것을 볼 수 있다. 아마 교회에서 일하는 사역의 개념이 포함된 것 같다.

10 선한 행실의 증거가 있어 혹은 자녀를 양육하며 혹은 나그네를 대접하며 혹은 성도들의 발을 씻으며 혹은 환난 당한 자들을 구제하며 혹은 모든 선한 일을 행한 자라야 할 것이요
10 and have a reputation for good deeds: a woman who brought up her children well, received strangers in her home, performed humble duties for fellow-Christians, helped people in trouble, and devoted herself to doing good.

5:10 선한 행실의 증거가 있어. 과부 명부에 올라 교회의 일에 힘쓸 사람은 이전에 이미 선한 행실이 있는 사람이어야 했다. 곧 경건한 사람만 과부 명단에 올릴 수 있었다.

11 젊은 과부는 올리지 말지니 이는 정욕으로 그리스도를 배반할 때에 시집 가고자 함이니
11 But do not include younger widows in the list; because when their desires make them want to marry, they turn away from Christ,

5:11 젊은 과부는 올리지 말지니 이는 정욕으로 그리스도를 배반할 때. 재혼이 그리스도를 배반하는 것은 아니다. 그런데 왜 이렇게 말하는 것일까? 아마 서원을 하였기 때문인 것 같다. 과부 명단에 오르는 것은 마치 천주교의 수녀와 같은 역할이어서 하나님을 섬기는 일에 전념하기로 서원을 하였던 것 같다. 그런데 다시 시집을 간다고 하면 서원을 어기는 것이 되기 때문에 그리스도를 배반하는 것이 되는 것이다.

12 처음 믿음을 저버렸으므로 정죄를 받느니라
13 또 그들은 게으름을 익혀 집집으로 돌아 다니고 게으를 뿐 아니라 쓸데없는
말을 하며 일을 만들며 마땅히 아니할 말을 하나니
14 그러므로 젊은이는 시집 가서 아이를 낳고 집을 다스리고 대적에게 비방할
기회를 조금도 주지 말기를 원하노라
12 and so become guilty of breaking their earlier promise to him.
13 They also learn to waste their time in going round from house to house; but even worse,
they learn to be gossips and busybodies, talking of things they should not.
14 So I would prefer that the younger widows get married, have children, and take care of
their homes, so as to give our enemies no chance of speaking evil of us.

5:14 바울은 젊은 과부는 과부 명부에 올리는 것이 아니라 재혼하는 것을 권하였다.
젊은이는 시집 가서 아이를 낳고. 젊은 과부에 대한 권면이다. 과부의 명부에 올라 사
역을 해야만 경건의 길이 되는 것이 아니라 육체의 자연스러운 정욕대로 시집을 가고
가정을 이루어 사는 것 또한 경건의 길이다.

15 이미 사탄에게 돌아간 자들도 있도다
16 만일 믿는 여자에게 과부 친척이 있거든 자기가 도와 주고 교회가 짐지지
않게 하라 이는 참 과부를 도와 주게 하려 함이라
15 For some widows have already turned away to follow Satan.
16 But if any Christian woman has widows in her family, she must take care of them and not
put the burden on the church, so that it may take care of the widows who are all alone.

5:16 친척이 있거든 자기가 도와 주고 교회가 짐지지 않게 하라. 교회는 진리를 전하고
구원의 길을 안내한다. 교회내에 참 과부로서 꼭 필요한 사람은 구제해야 하지만 그
런 경우도 믿는 친척이 있으면 친척이 구제하는 것이 더 옳은 일이라 말한다. 교회는
사회사업보다 구령사업이 더 우선이다.

17 잘 다스리는 장로들은 배나 존경할 자로 알되 말씀과 가르침에 수고하는 이
들에게는 더욱 그리할 것이니라
17 The elders who do good work as leaders should be considered worthy of receiving
double pay, especial y those who work hard at preaching and teaching.

5:17 잘 다스리는 장로들은 배나 존경할 자로 알되. '잘 다스리는 장로'라고 말할 때 이
것이 '말씀에 수고하는 장로'와 구별되는지는 분명하지 않다. 장로교는 이것을 구분하
여 행정하는 장로와 행정과 가르침을 같이 하는 장로(목사)로 구분한다. 중요한 것은

교회 지도자들에 대한 존경이다. 지도자를 존경하면 교회와 그 사람의 신앙이 자랄 것이다. 만약 존중하고 존경하지 않으면 신앙이 자라 가기 힘들다.

배나 존경할 자. 이것이 의미하는 것이 무엇인지 명확하지 않다. 18절(일꾼이 그 삯을 받는 것은 마땅하다)과 관련되어 볼 때 경제적인 부분이 포함된 것은 분명해 보인다. 그래서 현재의 두 배의 월급이거나 다른 사람의 두 배의 월급을 의미할 수 있다. 또한 두 배가 존경과 월급이라는 두 가지를 의미하는 것일 수도 있다.

목사가 더 많은 월급을 받는 것이 포함되는 것은 분명해 보이는데 그렇다고 사회의 다른 직업보다 더 많은 월급을 받아야 한다고 말하는 것 같지는 않다. 당시에는 목회자의 월급이 빈약하였고 그것에 대한 반박인 것으로 보인다. 사실 목회자의 월급이 많은 것도 문제다. 사람이 교회와 목회를 위하여 목회자가 되는 것이 아니라 돈을 위해 목회자가 될 수 있기 때문이다. 그러나 부족한 것이 문제다. 말씀을 연구하고 전하는 것이 결코 적은 시간으로 되는 것이 아닌데 생계 유지를 위하여 따로 직업을 가져야 한다면 그것은 분명히 오늘 본문이 강력히 반대하고 있는 것이다.

18 성경에 일렀으되 곡식을 밟아 떠는 소의 입에 망을 씌우지 말라 하였고 또 일꾼이 그 삯을 받는 것은 마땅하다 하였느니라
18 For the scripture says, "Do not muzzle an ox when you are using it to thresh corn" and "Workers should be given their pay."

5:18 일꾼이 그 삯을 받는 것은 마땅하다. 삯을 받아야 말씀을 연구하고 설교하며 가르치는 일에 집중할 수 있기 때문이다. 이것이 안 되면 말씀이 바르게 전달되지 못하여 악순환이 이루어질 것이다. 말씀을 전하고 가르치는 자들에게는 그 일에 전념할 수 있도록 교회가 책임을 져야 한다.

목사에게 가장 중요한 것은 '말씀을 가르치는 것'이다. 잘 가르칠 수 있도록 모든 여건이 조성되어야 한다. 경제적 여건이든 관계적 여건이든 무엇이든 말씀을 전하는 일에 장애물이 되지 않도록 해야 한다. 만약 교회가 너무 커서 행사나 다른 것들 때문에 말씀을 제대로 준비하고 전할 시간이 없다면 그것은 교회의 본질이 깨지는 길이다. 교회가 너무 부하거나 가난하여 말씀이 아닌 다른 것에 집중할 수밖에 없는 구조는 잘못된 구조다. 오직 하나님의 말씀이 드러나도록 해야 한다.

19 장로에 대한 고발은 두세 증인이 없으면 받지 말 것이요

19 Do not listen to an accusation against an elder unless it is brought by two or more witnesses.

5:19 장로에 대한 고발. 장로로 일을 할 때는 많은 비난과 고발에 취약하다. 일을 하다 보면 반대자가 반드시 있기 때문이다. 앞에 있는 사람을 비난하는 것은 아주 다양한 이유로 일어난다. 그러기에 그들에 대한 고발을 정확한 증거 없이 받아들여서는 안 된다는 말씀이다.

20 범죄한 자들을 모든 사람 앞에서 꾸짖어 나머지 사람들로 두려워하게 하라
20 Rebuke publicly all those who commit sins, so that the rest may be afraid.

5:20 장로가 범죄한 것에 대한 정확한 증거가 있는 경우는 어떻게 해야 할까? **모든 사람 앞에서 꾸짖어.** 목회자라 할지라도 개인적인 죄가 있을 수 있다. 목회자는 공인이다. 그래서 많은 경우는 개인의 일로 끝나지 않고 교회의 일이 된다. 그런 경우는 공개적으로 정확히 다루어야 한다고 말하고 있다.

21 하나님과 그리스도 예수와 택하심을 받은 천사들 앞에서 내가 엄히 명하노니 너는 편견이 없이 이것들을 지켜 아무 일도 불공평하게 하지 말며
21 In the presence of God and of Christ Jesus and of the holy angels I solemnly call upon you to obey these instructions without showing any prejudice or favour to anyone in anything you do.

5:21 장로 중에 한 명인 디모데에게 장로 대표로서 그가 걸어가야 할 길도 말하였다. **엄히 명하노니.** '하나님과 그리스도 예수와 택하심을 받은 천사들 앞에서 엄히 말한다' 말한다. 하나님과 천상의 존재까지 증인으로 내세우며 바울이 엄히 말하는 것이 무엇일까?
편견이 없이...불공평하게 하지 말며. 우리는 참 많은 편견을 가지고 있다. 많은 이익 관계를 가지고 있다. 편견과 이익 관계에 의해 우리의 판단이 흐려진다. 교회 지도자는 이러한 편견을 갖지 말아야 한다. 사람이나 돈이나 정치나 어떤 면에서든 교인을 대할 때 결코 편견을 갖지 말아야 한다.

22 아무에게나 경솔히 안수하지 말고 다른 사람의 죄에 간섭하지 말며 네 자신

을 지켜 정결하게 하라
22 Be in no hurry to lay hands on anyone in dedication to the Lord's service. Take no part in the sins of others; keep yourself pure.

5:22 경솔히 안수하지 말고. '경솔히(헬. 타케오스)'는 '빠르게'이다. 시간을 두지 않고 너무 빠르게 장로로 세우는 것에 대한 경고로 보인다. 사람은 속내를 알기 어렵다. 우리가 보는 것은 대부분 빙산의 일각이다. 시간을 두고 보아야 숨겨진 부분을 조금 더 볼 수 있다. 그래서 너무 빠르게 사람을 세우지 않도록 권고하고 있는 것이다.
다른 사람의 죄에 간섭하지 말며. 이것은 빠르게 안수하는 것과 관련하여 생각할 수 있을 것 같다. 빠르게 안수하여 교회 리더로 세운 사람이 죄를 범하면 그 사람을 리더로 세운 사람도 함께 죄를 범하는 것이라는 말이다. 그러기에 교회 리더를 세울 때 조심해야 함을 말한다.

23 이제부터는 물만 마시지 말고 네 위장과 자주 나는 병을 위하여는 포도주를 조금씩 쓰라
24 어떤 사람들의 죄는 밝히 드러나 먼저 심판에 나아가고 어떤 사람들의 죄는 그 뒤를 따르나니
23 Do not drink water only, but take a little wine to help your digestion, since you are ill so often.
24 The sins of some people are plain to see, and their sins go ahead of them to judgement; but the sins of others are seen only later.

5:24 리더는 너무 조급하지 말아야 한다. 많은 경우 시간이 해결한다. 시간은 진리 편이다. **어떤 사람들의 죄는 밝히 드러나...어떤 사람들의 죄는 그 뒤를 따르나니.** 어떤 죄는 분명하게 드러나고, 어떤 죄는 나중에 드러난다. 그러할 때 리더는 분명한 죄나 나중에 드러나는 죄를 모두 죄로 분별할 수 있어야 한다.

25 이와 같이 선행도 밝히 드러나고 그렇지 아니한 것도 숨길 수 없느니라
25 In the same way good deeds are plainly seen, and even those that are not so plain cannot be hidden.

5:25 선행. 선행도 밝히 드러나는 것이 있고 잘 드러나지 않는 것도 있다. 중요한 것은 죄는 죄고, 선행은 선행이라는 사실이다. 보통 사람들은 눈에 보이는 것만 악과 선으로 생각하는 경향이 있다. 그러나 교회의 리더는 숨겨진 악행과 선행도 구별할 수

있어야 한다. 그래야 드러나지 않은 죄를 경계하고, 잘 드러나지 않은 선행이라도 권면할 수 있기 때문이다. 심판대 앞에서는 결코 어떤 것도 숨겨지지 않는다. 교회 리더는 심판대 앞에서 드러날 것을 이 땅에서 먼저 깨닫게 하고 바르게 살도록 할 책임이 있다.

6장

1 무릇 멍에 아래에 있는 종들은 자기 상전들을 범사에 마땅히 공경할 자로 알지니 이는 하나님의 이름과 교훈으로 비방을 받지 않게 하려 함이라
1 Those who are slaves must consider their masters worthy of all respect, so that no one will speak evil of the name of God and of our teaching.

6:1 멍에 아래 있는 종들은 자기 상전들을 범사에 마땅히 공경할 자로 알지니. '멍에 아래 있는 종'에 대해 말한다. 종이라는 신분은 참으로 억압적 제도여서 멍에처럼 느끼기에 충분하다. 사람이 종이 되어 살아가는 형편이 되었을 때 그들에게도 경건이라 할 수 있는 것이 있을까? 무조건 종에서 빠져나오는 것이 정답이 아닐까?

이 당시 종은 도시 인구에서 최소한 1/3이상을 차지했던 것으로 보인다. 매우 많은 비중이다. 다양한 종류의 종이 있었다. 완전히 쇠사슬에 매여 일만 하는 종이 있었고, 자유인에 버금가는 종도 있었으며, 개인적 종이 있고, 공적인 종도 있었다. 우리 조선시대 때보다 더 다양한 종이 있었다.

어떤 형태의 종이든 종으로 산다는 것은 '멍에 아래' 있는 것이다. 태어나면서부터 종으로 태어난 사람은 억울하였을 것이다. 당시 주인들에 대한 뒷담화가 많았던 것 같다. 조선시대 양반 풍자처럼 말이다. 그러한 뒷담화는 약간의 한풀이가 되었던 것 같다. 그러나 성경은 '자기 상전들을 범사에 공경하라'고 말한다. 없는 자리에서도 상전을 주인으로서 깍듯이 모시라는 말이다. 왜 그렇게 해야 할까? 종이기 때문일까?

하나님의 이름과 교훈으로 비방을 받지 않게 하려 함이라. 종과 주인이 존재 가치의 차이가 있기 때문이 아니라 하나님의 영광과 복음을 위한 것이다. 세상에서 종과 주인의 구분은 천국에서 없어질 것이다. 세상에서의 삶에서는 종이 자신의 한을 푸는 것보다 복음을 아는 것이 더 중요하다. 종이 한을 푸는 것 때문에 기독교가 세상에서 이상하게 여겨진다면 모두에게 좋은 것이 아니다.

종의 인권은 어느 시대이든 중요하다. 그러나 이 당시 인권 투쟁은 얻는 것보다 잃는 것이 훨씬 더 많았던 것으로 보인다. 교회는 복음이 아니라 계급 투쟁의 장이 되고 말 것이다. 언제나 가장 중요한 것은 복음이다. 계급 투쟁이 구원을 가져오는 것이 아니다. 복음이 구원에 이르게 한다.

2 믿는 상전이 있는 자들은 그 상전을 형제라고 가볍게 여기지 말고 더 잘 섬기게 하라 이는 유익을 받는 자들이 믿는 자요 사랑을 받는 자임이라 너는 이것들을 가르치고 권하라
2 Slaves belonging to Christian masters must not despise them, for they are their brothers and sisters. Instead, they are to serve them even better, because those who benefit from their work are believers whom they love. You must teach and preach these things.

6:2 믿는 상전이 있는 자들. 주인이 기독교인이라면 종이 열심히 일하여 주인이 이익을 얻으면 그 이익이 '믿는 자'(상전)에게 돌아가니 좋은 일이고, 더 사랑하면 사랑을 받는 사람이 믿는 자이니 더 좋은 것이라 말한다. 종이기 때문이 아니라 하나님 나라의 측면에서 이유를 찾으며 종으로서 섬기는 것을 말하는 것이다.

종으로 산다는 것은 매우 힘든 일이었을 것이다. 세상에서 가장 낮은 자리다. 그러나 설령 종이라 하여도 종이라는 신분에 매이지 말아야 한다. 종이라는 신분에 매여 종으로 주인 몰래 편하게 있고, 주인 욕하며 사는 것으로 낙을 삼아서는 안 된다. 그것은 종이라는 신분에 매인자다. 신앙인은 오직 하나님의 종이다. 세상의 종이어서 주인을 열심히 섬기는 것이 아니라 하나님의 종이기 때문에 주인을 열심히 섬기는 사람이 되어야 한다.

3 누구든지 다른 교훈을 하며 바른 말 곧 우리 주 예수 그리스도의 말씀과 경건에 관한 교훈을 따르지 아니하면
3 Whoever teaches a different doctrine and does not agree with the true words of our Lord Jesus Christ and with the teaching of our religion

6:3 말씀과 경건. 거짓 선생은 '그리스도의 말씀과 경건에 관한 교훈을 따르지 않는' 사람들이다. 그리스도의 말씀에 어긋난 사람은 거짓 선생이다. 그리스도의 말씀에 따라 '말씀을 두려워하며 따르는 삶' 곧 '주께서 기뻐하는 삶'을 사는 '경건'이 없는 사람 또한 거짓 선생이다.

4 그는 교만하여 아무 것도 알지 못하고 변론과 언쟁을 좋아하는 자니 이로써 투기와 분쟁과 비방과 악한 생각이 나며
5 마음이 부패하여지고 진리를 잃어 버려 경건을 이익의 방도로 생각하는 자들의 다툼이 일어나느니라

4 is swollen with pride and knows nothing. He has an unhealthy desire to argue and quarrel about words, and this brings on jealousy, disputes, insults, evil suspicions,
5 and constant arguments from people whose minds do not function and who no longer have the truth. They think that religion is a way to become rich. Well, religion does make a person very rich, if he is satisfied with what he has.

6:5 이익의 방도. 경건의 모습에는 여러가지가 있다. 말씀 묵상, 기도, 선행 등 많은 것이 있다. 하나님께서 우리를 향하여 명령하신 기뻐하시는 일들이 많다. 그런데 거짓 선생들은 '경건을 이익의 방도'로 생각하였다. 그래서 그것으로 무엇인가를 얻으려 하였다. 그러나 그것은 어리석은 것이다. 신앙으로 자신들이 원하는 세상의 무엇인가를 더 얻으려는 사람들이 있다. 거짓 신앙이다.

6 그러나 자족하는 마음이 있으면 경건은 큰 이익이 되느니라

6:6 자족하는 마음이 있으면 경건은 큰 이익이 되느니라. 경건은 있는 자리에서 하나님의 뜻을 찾아 행하는 것이다. 돈을 많이 벌어야 큰 이익이 되는 것이 아니다. 종에서 해방되어야 유익한 것이 아니다. 있는 자리를 자족하는 마음이 있어야 그곳에서 경건의 길을 찾을 수 있다. 만족하지 않으면 다른 길만 찾다가 그 때의 경건을 잃는다. 현재의 삶을 감사하며 그곳에서 하나님의 기뻐하시는 길을 찾으며 사는 사람은 경건의 길을 갈 수 있으며, 그때의 경건은 그에게 큰 이익이 된다.

7 우리가 세상에 아무 것도 가지고 온 것이 없으매 또한 아무 것도 가지고 가지 못하리니

7 What did we bring into the world? Nothing! What can we take out of the world? Nothing!

6:7 아무것도 가지고 가지 못하리니. 세상에 아무것도 쥐지 않고 온 것처럼 아무것도 가지고 가지도 않는다. 세상에서 가지고 있는 것은 임시적인 것에 불과하다. 오직 세상에서 산 삶이 영원히 남는다. 그러기에 경건의 길을 가야 한다.

8 우리가 먹을 것과 입을 것이 있은즉 족한 줄로 알 것이니라
8 So then, if we have food and clothes, that should be enough for us.

6:8 족한 줄로 알 것이니라. 지금 살아갈 것이 있으면 된다. 그것으로 어떻게 살아야 하는가를 생각하는 것이 중요하다. 무엇을 더 가지기 위한 삶이 아니라 가지고 있는 것으로 잘 살기 위한 삶이 되어야 한다. 신앙인은 그 안에 있는 그리스도로 인하여 충분히 만족하기 때문에 세상의 것이 더 많아야 만족하는 것이 아니다. 먹고 입을 것만 있어도 감사하다.

9 부하려 하는 자들은 시험과 올무와 여러 가지 어리석고 해로운 욕심에 떨어지나니 곧 사람으로 파멸과 멸망에 빠지게 하는 것이라
10 돈을 사랑함이 일만 악의 뿌리가 되나니 이것을 탐내는 자들은 미혹을 받아 믿음에서 떠나 많은 근심으로써 자기를 찔렀도다
9 But those who want to get rich fall into temptation and are caught in the trap of many foolish and harmful desires, which pull them down to ruin and destruction.
10 For the love of money is a source of all kinds of evil. Some have been so eager to have it that they have wandered away from the faith and have broken their hearts with many sorrows.

6:10 돈을 사랑함. 돈을 사랑하는 사람들이 많다. 탐심이 가득하다. 그렇게 돈에 매인 자들은 경건을 이룰 수 없다. 경건은 내려놓고 내어주는 것이다. 하나님을 사랑하고 이웃을 사랑하는 것은 다 수고이고 섬김이다. 그런데 돈에 매여 돈의 명령에 꼼짝하지 못하는 신앙인들이 있다. 그들은 앞에 나온 주인에게 매인 종보다 더 강하게 매여 있다. 경건이 없으니 신앙인이 아니다.

11 오직 너 하나님의 사람아 이것들을 피하고 의와 경건과 믿음과 사랑과 인내와 온유를 따르며
11 But you, man of God, avoid all these things. Strive for righteousness, godliness, faith, love, endurance, and gentleness.

6:11 너 하나님의 사람아. 디모데를 부르는 것이며 신앙인들을 부르는 말이다. 이것들을 피하고 의와 경건과 믿음과 사랑을 따르며. '피하고'는 '도망가다'로도 번역할 수 있다. '따르며'는 '힘써 따라가다'로 번역 가능하다. 곧 일반적인 것보다는 매우 힘을 기울이는 것을 의미한다. 돈이나 세상의 것에 대한 탐욕은 애써 '피하고' 대신 의와 경건

과 믿음과 사랑과 인내와 온유를 애써 '좇아가야' 한다고 말씀하고 있다.

12 믿음의 선한 싸움을 싸우라 영생을 취하라 이를 위하여 네가 부르심을 받았고 많은 증인 앞에서 선한 증언을 하였도다
12 Run your best in the race of faith, and win eternal life for yourself; for it was to this life that God called you when you firmly professed your faith before many witnesses.

6:12 믿음의 선한 싸움을 싸우라. 이 글을 쓰던 때에 이스라엘은 전운이 감돌고 있었다. 어쩌면 이미 싸움은 시작되었을 수도 있다. 유대인들이 로마에 반항하여 반란이 일어났다(66년-70년). 엄청난 싸움이 시작될 것이고 수많은 유대인들이 죽임을 당하게 되는 싸움이다. 성전이 무너지는 싸움이다.

엄청난 싸움이 시작되고 있었지만 신앙인에게는 그 싸움이 중요한 것이 아니었다. 바울은 '선한 싸움'에 대해 말한다. 신앙인이 싸워야 하는 엄청난 싸움이다. 영벌과 영생이 결정되는 싸움이다. 치열한 싸움이다. 그러나 영광스러운 싸움이다.

13 만물을 살게 하신 하나님 앞과 본디오 빌라도를 향하여 선한 증언을 하신 그리스도 예수 앞에서 내가 너를 명하노니
14 우리 주 예수 그리스도께서 나타나실 때까지 흠도 없고 책망 받을 것도 없이 이 명령을 지키라
13 Before God, who gives life to all things, and before Christ Jesus, who firmly professed his faith before Pontius Pilate, I command you
14 to obey your orders and keep them faithfully until the Day when our Lord Jesus Christ will appear.

6:14 그리스도께서 나타나실 때까지. 개인의 죽음과 그리스도의 다시 오심 중에 개인의 죽음이 더 먼저 일 것 같다. 그런데 그리스도의 재림은 언제든 가능성이 있다. 그래서 내일 죽을 가능성과 그리스도의 오심 사이에는 어쩌면 그리스도의 재림이 오실 가능성이 더 많을 수 있다. 주님 오실 가능성을 늘 생각하면서 살아야 한다.
흠도 없고 책망 받을 것도 없이. 말씀을 지켜야 한다. 말씀을 지키기 위한 싸움이 얼마나 치열한가? 한 점 부끄럼 없는 믿음의 길을 가기 위해 얼마나 많은 싸움을 해야 할까?

15 기약이 이르면 하나님이 그의 나타나심을 보이시리니 하나님은 복되시고 유

일하신 주권자이시며 만왕의 왕이시며 만주의 주시요

15 His appearing will be brought about at the right time by God, the blessed and only Ruler, the King of kings and the Lord of lords.

6:15 하나님은 복되시고...만주의 주시요. 이러한 찬미는 디모데가 하나님이 어떤 분 인지를 다시 상기하기를 원하는 바울의 배려다. 그렇게 영광스러운 하나님 앞에 살고 있는 것이다. 진짜 크고 중요한 일은 하나님의 뜻이며 하나님의 백성으로 사는 것이 다. 세상 일은 크고 화려하고 중요한 것 같지만 실상은 아주 작은 일이다. 그러기에 세 상의 싸움이 중요한 것이 아니라 우리의 선한 싸움이 중요하다.

16 오직 그에게만 죽지 아니함이 있고 가까이 가지 못할 빛에 거하시고 어떤 사 람도 보지 못하였고 또 볼 수 없는 이시니 그에게 존귀와 영원한 권능을 돌릴지 어다 아멘
17 네가 이 세대에서 부한 자들을 명하여 마음을 높이지 말고 정함이 없는 재 물에 소망을 두지 말고 오직 우리에게 모든 것을 후히 주사 누리게 하시는 하나 님께 두며

16 He alone is immortal; he lives in the light that no one can approach. No one has ever seen him; no one can ever see him. To him be honour and eternal dominion! Amen.
17 Command those who are rich in the things of this life not to be proud, but to place their hope, not in such an uncertain thing as riches, but in God, who generously gives us everything for our enjoyment.

6:17 부한 자들을 명하여. '부'가 문제가 아니다. '재물에 소망을 두는 것'이 문제다. 재 물이 아니라 하나님께 소망을 두어야 한다. 하나님께 소망을 둔다면 그들이 해야 할 일이 무엇일까?

18 선을 행하고 선한 사업을 많이 하고 나누어 주기를 좋아하며 너그러운 자가 되게 하라

18 Command them to do good, to be rich in good works, to be generous and ready to share with others.

6:18 선한 사업을 많이 하고. 세상에는 돈으로 할 수 있는 좋은 일이 많다. 그들이 가 진 돈으로 좋은 일을 한다면 그들이 가진 돈은 복이 될 것이다. 더 많이 가지고 있음 으로 복이 되는 것이 아니라 더 많이 '선한 사업'을 함으로 복이 될 것이다. **나누어 주 기를 좋아하며.** 세상 사람들은 아무리 많이 가지고 있어도 더 가지려 할 것이다. 그러

나 신앙인은 많이 가지면 가질수록 더 나누어 주기를 좋아해야 한다. 돈은 내가 가지고 있음으로 복된 것이 아니라 나누어 줌으로 복된 것이다.

19 이것이 장래에 자기를 위하여 좋은 터를 쌓아 참된 생명을 취하는 것이니라
20 디모데야 망령되고 헛된 말과 거짓된 지식의 반론을 피함으로 네게 부탁한 것을 지키라
21 이것을 따르는 사람들이 있어 믿음에서 벗어났느니라 은혜가 너희와 함께 있을지어다

19 In this way they will store up for themselves a treasure which will be a solid foundation for the future. And then they will be able to win the life which is true life.
20 Timothy, keep safe what has been entrusted to your care. Avoid the profane talk and foolish arguments of what some people wrongly call "Knowledge".
21 For some have claimed to possess it, and as a result they have lost the way of faith. God's grace be with you all.

6:19 장래에 자기를 위하여 좋은 터를 쌓아. 이 땅에서 나누어 주는 것은 보물을 쌓는 것이다. **생명을 취하는 것이니라.** 나누어 주는 경건의 행동이 참된 생명을 취하는 것이요, 누리는 것이요, 증거가 된다. 나누어 줄 수 있는 것이 있음을 감사히 알고 그것으로 잘 나누어 주는 복을 누려야 한다.

어떤 사람이라도 그에게 주어진 경건의 길이 있다. 자신의 삶을 부정하지 말고 잘 살펴 경건의 길을 가는 사람이 복된 사람이다.

디모데후서

목 차

바울서신 중에 옥중서신이라 불리는 성경이 있다. 에베소서,빌립보서,골로새서, 빌레몬서가 그렇다. 그런데 목회서신으로 불리지만 실제로는 감옥에서 쓴 책이 있다. 죽음 앞에서 죽음을 직감하며 가장 위험하고 비참한 상태에서 쓴 서신이 디모데후서이다. 바울의 유언과 같은 서신이다.

서신서에 유언서신이라 이름 붙일 수 있는 성경이 2개 있다. 베드로가 기록한 베드로후서와 바울이 기록한 디모데후서이다. 베드로후서는 베드로가 죽음을 직감하며 마지막으로 쓴 서신이다. 그는 죽음을 앞두고 무엇을 강조할까? 신적 성품을 강조한다. 디모데후서는 바울이 두 번째 로마 감옥에 갇혔을 때 마지막으로 쓴 서신이다. 그는 죽음이 끝이 아니고 ‘복음’이 있음을 말한다. 말씀으로 잘 안내를 받아 복음의 삶을 살아갈 것을 말한다. 그래서 디모데후서의 핵심 단어는 성경이다.

“모든 성경은 하나님의 감동으로 된 것으로 교훈과 책망과 바르게 함과 의로 교육하기에 유익하니” (딤후 3:16) 이 구절은 아주 유명한 요한복음 3:16만큼이나 중요하다 할 수 있다. 기억했으면 좋겠다. 바울은 죽음 바로 앞에서 ‘성경’을 강조하여 말한다. 사람들은 성경을 자신들과 거리가 먼 것으로 생각하는 경향이 있다. 그러나 성경은 가장 현실적이고 중요하다. 사람은 죽어 이름을 남기는 것이 아니라 ‘말씀’을 남긴다. 말씀을 따라 살 때 ‘의로 된 면류관’을 받게 된다.

1 하나님의 뜻으로 말미암아 그리스도 예수 안에 있는 생명의 약속대로 그리스도 예수의 사도 된 바울은
1 From Paul, an apostle of Christ Jesus by God's will, sent to proclaim the promised life which we have in union with Christ Jesus—

1:1 생명의 약속대로 그리스도 예수의 사도 된. 바울은 지금 감옥에 있고 곧 사형에 처해질 것임을 알며 디모데도 알고 있는 것으로 보인다. 그런데 바울은 자신의 죽음을 죽음으로 끝나는 비참함이 아니라 '생명'의 연장선임을 인사말을 통해 담고 있다. 그는 하나님께서 약속하신 생명(영생)을 경험하였고 또한 죽어도 오히려 생명에 들어간다는 약속을 확실하게 믿고 있었다.

2 사랑하는 아들 디모데에게 편지하노니 하나님 아버지와 그리스도 예수 우리 주께로부터 은혜와 긍휼과 평강이 네게 있을지어다
3 내가 밤낮 간구하는 가운데 쉬지 않고 너를 생각하여 청결한 양심으로 조상 적부터 섬겨 오는 하나님께 감사하고
4 네 눈물을 생각하여 너 보기를 원함은 내 기쁨이 가득하게 하려 함이니
2 To Timothy, my dear son: May God the Father and Christ Jesus our Lord give you grace, mercy, and peace.
3 I give thanks to God, whom I serve with a clear conscience, as my ancestors did. I thank him as I remember you always in my prayers night and day.
4 I remember your tears, and I want to see you very much, so that I may be filled with joy.

1:4 네 눈물을 생각하여. 바울이 디모데와 마지막 인사를 하던 때를 말하는 것 같다. 그때 디모데는 이런 날을 직감하며 위험 속으로 들어가는 바울을 눈물로 걱정하며 보냈던 것 같다. 바울은 디모데의 눈물을 생각하니 빨리 가서 디모데를 다시 만나고 싶은 마음이 가득하였다.

5 이는 네 속에 거짓이 없는 믿음이 있음을 생각함이라 이 믿음은 먼저 네 외조모 로이스와 네 어머니 유니게 속에 있더니 네 속에도 있는 줄을 확신하노라
5 I remember the sincere faith you have, the kind of faith that your grandmother Lois and your mother Eunice also had. I am sure that you have it also.

1:5 네 속에 거짓이 없는 믿음이 있음을 생각함이라. 감사하게도 디모데 안에 있는 믿

음은 '진실한 믿음'이었다. 그래서 지금 겉으로 보이는 것만이 아니라 하나님께서 하시는 진짜의 일을 볼 수 있을 것이다. 바울에게 지금 중요한 것은 자신이 사형에 처해지는 것이 아니다. 자신은 죽음으로 영생으로 들어갈 뿐이다. 중요한 것은 남은 사람들이다. 남은 사람들이 복음으로 영생을 얻는 것이다. 그 일을 위해 디모데는 중요한 역할을 해야 한다. 디모데 안에 있는 믿음은 바울이 생각하기에 진짜였다. 그래서 그 믿음에 대해 말한다.

6 그러므로 내가 나의 안수함으로 네 속에 있는 하나님의 은사를 다시 불일듯 하게 하기 위하여 너로 생각하게 하노니
6 For this reason I remind you to keep alive the gift that God gave you when I laid my hands on you.

1:6 안수함으로...하나님의 은사...다시 불일듯 하게. 디모데가 사역자로 세워질 때 하나님께서 그에게 주신 은사와 마음으로 뜨거웠을 것이다. 그런데 지금 상황이 안 좋아져서 그 마음이 많이 위축되었는데 바울은 위축된 디모데의 마음이 다시 뜨거워지기를 원하고 있다. 하나님의 임재와 주신 사명은 지금도 여전히 동일하다. 바울이 감옥에 있고 죽음에 직면한 것은 디모데에게 주신 사명의 희석이 아니라 오히려 더 강하게 하는 것이다. 이제 그가 바울의 몫까지 감당해야 한다. 그런데 디모데가 바울 때문에 낙심하고 있으니 바울은 디모데에게 그때의 마음을 다시 회복하라고 말하고 있다.

7 하나님이 우리에게 주신 것은 두려워하는 마음이 아니요 오직 능력과 사랑과 절제하는 마음이니
7 For the Spirit that God has given us does not make us timid; instead, his Spirit fills us with power, love, and self-control.

1:7 하나님이 우리에게 주신 것. 디모데는 지금 자신의 마음이 하나님께서 주신 마음인지 상황이 주는 마음인지를 잘 살펴야 했다. **두려워하는 마음이 아니요.** '두려워하는 마음'은 하나님이 주신 마음이 아니다. 바울은 디모데의 마음을 추측하고 있는 것으로 보인다. 아니면 들은 소식이 있을 것이다. 바울은 자신이 죽는다고 디모데가 두려워하는 마음을 가지면 안 된다고 말한다. 그것은 하나님이 주신 마음이 아니기 때문이다.
능력과 사랑과 절제하는 마음이니. 하나님께서 주시는 마음이다. 우리는 전능한 하나님을 믿고 있다. 그렇다면 '능력'이라는 측면에 있어 자신 있어야 한다. 힘이 없어 바울이 죽음에 처해지는 것이 아니다. 오히려 힘이 있어 죽는 것이다. 디모데는 당당한 마음을 가져야 한다. 어쩔 수 없는 비극을 맞이한 사람처럼 바울을 죽이는 황제나 다른 무엇을 미워하는 것이 아니라 하나님의 통치를 신뢰하며 원수를 사랑하듯 모든 이들을 사랑하는 마음을 놓치면 안 된다.

절제의 마음으로 지금의 상황을 잘 살펴야 한다. 신중하게 하나님의 뜻을 살펴야 한다. 모든 상황에 좌절이란 없다. 무의미는 없다. 그것은 하나님이 주시는 마음이 아니다. 절제 있게 잘 살펴서 하나님의 뜻이 무엇인지를 잘 분별해야 한다. 자신을 훈련하는 기회로 여겨야 한다.

8 그러므로 너는 내가 우리 주를 증언함과 또는 주를 위하여 갇힌 자 된 나를 부끄러워하지 말고 오직 하나님의 능력을 따라 복음과 함께 고난을 받으라

8 Do not be ashamed, then, of witnessing for our Lord; nor be ashamed of me, a prisoner for Christ's sake. Instead, take your part in suffering for the Good News, as God gives you the strength to do it.

1:8 바울은 디모데에게 복음에 대한 확신을 전하였다. **부끄러워하지 말고...고난을 받으라.** 지금 바울은 복음 때문에 갇혀 있다. 바울이 감옥에 갇혔다고 복음이 부끄러운 것이 되는 것이 아니다. 여전히 복음은 사람들에게 생명을 주는 유일한 것이다. 영광스러운 것이다. 결코 위축되지 말아야 한다. 그가 갇힌 것은 하나님께서 힘이 없으셔서 그렇게 된 것이 아니다. 오히려 강하기에 '고난을 받을 수 있는 것'이다.

9 하나님이 우리를 구원하사 거룩하신 소명으로 부르심은 우리의 행위대로 하심이 아니요 오직 자기의 뜻과 영원 전부터 그리스도 예수 안에서 우리에게 주신 은혜대로 하심이라

9 He saved us and called us to be his own people, not because of what we have done, but because of his own purpose and grace. He gave us this grace by means of Christ Jesus before the beginning of time,

1:9 하나님이 우리를 구원하사. '구원'이라는 단어를 잘 보라. 복음이 무엇일까? '기쁜 소식'인 복음을 가장 짧은 정의를 내린다면 '구원'이라고 말할 수 있다.

이 세상에서 사람은 수많은 고통을 당하고 마지막은 죽기까지 한다. 그 이후 영원한 지옥이 있다는 것을 알면 더욱더 끔찍하지만 그것을 모른다 하여도 이미 이 땅의 아품과 죽음에서 구원받는 것이 필요하다는 것은 누구나 느낀다. 그러한 것에서 구원이 있다는 것은 참으로 놀랍고 기쁜 소식이다.

혹자는 복음의 정의를 '예수 그리스도'라고 말한다. 구원을 이루는 유일한 길이 예수님이기 때문이다. 예수님의 십자가 대속 때문에 구원이 있기 때문이다. 예수님을 복음이라고 말한다면 그것은 예수님이 오심으로 구원의 길이 열렸기 때문이다. 예수님의 삶과 가르침은 모두 복음이다.

복음의 정의를 '하나님 나라(천국)'라고 말할 수도 있다. 지금 이 세상은 자신들의 이익을 위해 싸운다. 죄와 죽음이 가득하다. 그런데 예수님의 대속과 믿음으로 들어가는 하나님 나라는 죄와 죽음이 없는 영원한 나라다. 그래서 하나님 나라가 있고 우리가 그 나라에 들어갈 수 있음을 알리는 소식이 복음이다.

거룩하신 소명으로 부르심은. 하나님은 바울과 디모데 그리고 믿는 모든 사람을 거룩한 자리로 부르셨다. 하나님이 부르신 그 자리에서 가장 중요한 것은 '구원을 지키는 것'이다. 자기 자신 안에 구원을 확장하고, 이웃에 구원을 확장함으로 지키는 것이다. 그것이 인생의 소명의 자리다. 목적이다.

우리의 행위대로 하심이 아니요 오직 자기의 뜻과 영원 전부터 그리스도 예수 안에서 우리에게 주신 은혜대로 하심이라. 복음은 지금 로마 제국의 힘에 의해 힘 없이 무너질 것이 아니다. 사람들이 복음을 버린다고 무너질 것도 아니다. 복음은 세상 권력이나 사람의 행위가 아니라 하나님의 뜻과 계획으로 '영원'이라는 초월적 시간과 '그리스도'의 놀라운 성육신과 십자가로 주어진 은혜다.

> **10** 이제는 우리 구주 그리스도 예수의 나타나심으로 말미암아 나타났으니 그는 사망을 폐하시고 복음으로써 생명과 썩지 아니할 것을 드러내신지라 ·
> **10** but now it has been revealed to us through the coming of our Saviour, Christ Jesus. He has ended the power of death and through the gospel has revealed immortal life.

1:10 사망을 폐하시고 복음으로써 생명과 썩지 아니할 것을 드러내신지라. 지금 바울이 죽음의 위험 앞에 있으니 사람들이 자꾸 죽음을 생각하며 위축되는데 복음은 이미 사망을 폐하였다. 죄를 가지고 사망하는 것은 둘째 사망이라 불리는 영원한 지옥행이다. 사람들이 사망을 두려워하는 이유는 사실 둘째 사망에 대한 막연한 직감 때문이다.

그러나 복음은 믿는 사람에게 둘째 사망이 없다 말한다. 그러니 더 이상 육체적 죽음이 두려운 것이 아니다. 오히려 생명으로 들어가는 길이다. 영광이다. 예수님은 부활하심으로 복음의 힘을 드러내셨다. 죽음이 복음을 가릴 수 없다.

11 내가 이 복음을 위하여 선포자와 사도와 교사로 세우심을 입었노라
11 God has appointed me as an apostle and teacher to proclaim the Good News,

1:11 내가 이 복음을 위하여. 사람들은 바울의 죽음을 생각하면서 자꾸 사망(둘째 사망)을 생각하는데 바울이 전한 복음은 생명을 말한다. 그러니 바울이 말하고 있는 생명을 보아야 한다.

12 이로 말미암아 내가 또 이 고난을 받되 부끄러워하지 아니함은 내가 믿는 자를 내가 알고 또한 내가 의탁한 것을 그 날까지 그가 능히 지키실 줄을 확신함이라
12 and it is for this reason that I suffer these things. But I am still full of confidence, because I know whom I have trusted, and I am sure that he is able to keep safe until that Day what he has entrusted to me.

1:12 이 고난을 받되 부끄러워하지 아니함은. 이 고난(죽음)이 사망이 아니라 생명으로 이어지는 것이기 때문에 전혀 두려운 것이 아니었다.
내가 믿는 자를 내가 알고 또한 내가 의탁한 것을 그 날까지 그가 능히 지키실 줄을 확신함이라. 바울은 그가 믿는 예수님을 잘 알고 있었다. 영원한 주인이요 통치자이시다. 그는 확신하였다. 하나님이 복음대로 영원한 생명을 주실 것을 확신하였다. 그러니 무엇이 문제이겠는가?

13 너는 그리스도 예수 안에 있는 믿음과 사랑으로써 내게 들은 바 바른 말을 본받아 지키고
14 우리 안에 거하시는 성령으로 말미암아 네게 부탁한 아름다운 것을 지키라
13 Hold firmly to the true words that I taught you, as the example for you to follow, and remain in the faith and love that are ours in union with Christ Jesus.
14 Through the power of the Holy Spirit, who lives in us, keep the good things that have been entrusted to you.

1:14 바울은 복음을 위해 살았다. 그리고 이제 디모데에게 복음을 위하여 살 것을 말한다. **네게 부탁한 아름다운 것을 지키라.** 디모데는 바울로부터 복음의 바통을 이어받았다. 이제 디모데의 시간이다.

디모데는 바울이 죽게 된 것을 슬퍼하였고 아파하였지만 바울은 전혀 아파하지 않았다. 복음 안에 생명이 있음을 알기 때문이다. 그리고 이제 디모데에게도 자신의 죽음에서 사망이 아니라 생명의 복음을 붙잡을 것을 말하고 있다.

목숨을 지키는 것이 아니라 복음을 지키는 것이 중요하다. 바울의 죽음이나 세상의 핍박 때문에 두려워할 것이 아니라 복음을 놓치는 것을 두려워해야 한다. 육체적 죽음은 일시적인 것이지만 복음을 놓치면 영원한 생명을 놓치는 것이기 때문이다. 그에게 중요한 것은 그의 목숨이 아니라 복음이었다. 그가 전한 복음이 디모데에게 이어져 세상이 복음을 알게 되는 것을 중요하게 생각하였다.

15 아시아에 있는 모든 사람이 나를 버린 이 일을 네가 아나니 그 중에는 부겔로와 허모게네도 있느니라
15 You know that everyone in the province of Asia, including Phygelus and Hermogenes, has deserted me.

1:15 아시아. 오늘날 튀르키에의 서쪽 지역 소아시아를 말한다. 디모데가 목회를 하는 에베소가 그 지역의 수도다. 요한계시록의 일곱 교회가 속한 지역이다.

모든 사람이 나를 버린 이 일을 네가 아나니. 조금은 과장되어 있지만 많은 사람들이 복음을 버리고 바울을 버린 것으로 보인다. 복음이 꽃이 피기도 전에 시들어 버린 것 같다. 어렵게 복음을 믿었는데 더 큰 어려움이 생기자 환경 앞에 굴복한 모습이다. 이것이 이상하게 보일지 모르지만 믿음 없는 사람들에게는 당연한 모습일 것이다. 사실 믿음의 길은 좁은 길이다. 많은 사람이 가는 길이 아니다. 그런데 그러한 굴종은 사실 복음을 제대로 알지 못하기 때문이다.

그 중에는 부겔로와 허모게네도 있느니라. 이들의 이름을 특별히 언급하는 것은 이들이 이전에는 열심이었다는 것을 의미할 것이다. 그런데 지금은 복음을 버렸다. 특별히 그들의 이름이 기록되어 있다. 다른 곳에서는 전혀 언급되지 않는 이름인데 이렇게 복음을 버린 사람으로 나오니 참으로 안타까운 순간이다. 복음을 버린 것은 인생에서 가장 큰 차이를 만든다. 다른 모든 것이 있어도 복음에서 멀어진 사람은 이 두 사람과 같은 처지가 될 것이다.

16 원하건대 주께서 오네시보로의 집에 긍휼을 베푸시옵소서 그가 나를 자주 격려해 주고 내가 사슬에 매인 것을 부끄러워하지 아니하고

17 로마에 있을 때에 나를 부지런히 찾아와 만났음이라

18 (원하건대 주께서 그로 하여금 그 날에 주의 긍휼을 입게 하여 주옵소서)
또 그가 에베소에서 많이 봉사한 것을 네가 잘 아느니라

16 May the Lord show mercy to the family of Onesiphorus, because he cheered me up
many times. He was not ashamed that I am in prison,

17 but as soon as he arrived in Rome, he started looking for me until he found me.

18 May the Lord grant him his mercy on that Day! And you know very well how much he did
for me in Ephesus.

1:16 오네시보로의 집. 오네시보로의 집은 끝까지 바울과 함께하였다. 복음과 함께하였다. 그들은 복음을 알았기 때문일 것이다. 세상 가치관이 아니라 복음 가치관으로 지금의 상황을 보는 것이다. 그의 이름 또한 딤후에서만 나오고 다른 곳에서는 나오지 않는다. 그러나 그는 복음을 붙잡고 있었기 때문에 가장 귀한 이름으로 기록되었다. 오늘날 복음을 붙잡은 사람과 버린 사람은 그리 큰 차이가 나 보이지 않는다. 그러나 실제로는 인생에서 가장 큰 차이다. 구원받은 사람과 구원받지 못한 사람의 차이는 하늘과 땅보다 더 큰 차이다. 둘째 사망으로 지옥에 간 사람과 둘째 부활로 천국에 들어간 차이를 낳는다. 사람에게 이것보다 더 큰 차이가 또 있을까?

2장

1 내 아들아 그러므로 너는 그리스도 예수 안에 있는 은혜 가운데서 강하고

1 As for you, my son, be strong through the grace that is ours in union with Christ Jesus.

2:1 복음은 크고 영광스럽다. 그래서 복음을 가지고, 복음을 위해 사는 사람도 크고 영광스럽다. **강하고.** 명령형이면서도 수동태다. 디모데에게 홀로 강해지라는 것이 아니라 하나님께서 그를 강하게 하실 것인데 그것을 받아들여 강해지라는 것이다. '강해져라'고 번역할 수 있다. 상황을 따라 약한 마음이 아니라 복음을 따라 강한 마음을 가져야 한다. 세상에 생명을 전하는 복음의 일꾼이기에 강해야 한다.

그리스도 예수 안에 있는 은혜 가운데서 강하고. '은혜라는 측면'에서 강해야 함을 말한다. 예수님께서 그에게 은혜를 주실 것이다. 그 은혜를 강하게 붙잡아야 한다. 예수님의 은혜가 얼마나 큰지를 묵상하고 알아야 한다. 은혜를 생각하면 지금 고난 받으며 고생하는 것이 얼마나 작은 일이며 오히려 그 고난 가운데 그가 가야 하는 길이 얼마나 위대한지를 깨달을 것이다. 그러면 더욱 강한 마음을 가지게 될 것이다. 세상이 주

는 두려움이 아니라 하나님이 주시는 강한 마음에 순종하라는 권면이다.

2 또 네가 많은 증인 앞에서 내게 들은 바를 충성된 사람들에게 부탁하라 그들이 또 다른 사람들을 가르칠 수 있으리라
2 Take the teachings that you heard me proclaim in the presence of many witnesses, and entrust them to reliable people, who will be able to teach others also.

2:2 충성된 사람들에게 부탁하라. 지금은 '죽음의 때가 아니라 복음의 때'다. 바울의 죽음에서도 디모데가 해야 할 일은 바울에게 들은 것을 '충성된 사람들에게 부탁하는 것'이다. 또한 그들이 '다른 사람들을 가르칠 수 있게 되는 것'이다. 바울은 죽고 디모데가 죽어도 복음은 살아서 사람들에게 전해지도록 해야 한다. 바울이 사람을 구원하는 것이 아니라 복음이 구원하기 때문이다.

3 너는 그리스도 예수의 좋은 병사로 나와 함께 고난을 받으라
3 Take your part in suffering, as a loyal soldier of Christ Jesus.

2:3 복음은 진행되어야 한다는 것을 3가지 비유로 설명한다. **좋은 병사로.** 고난을 받는 것은 능력이 없는 것이 아니라 능력이 있는 것이다. 고난이 오면 피하며 멈추는 일꾼이 아니라 어떤 고난이 있어도 멈추지 않는 복음의 일꾼이 되어야 한다. 복음을 지키는 것은 군사가 나라를 지키는 것보다 더 중요하다.

4 병사로 복무하는 자는 자기 생활에 얽매이는 자가 하나도 없나니 이는 병사로 모집한 자를 기쁘게 하려 함이라
4 A soldier on active service wants to please his commanding officer and so does not get mixed up in the affairs of civilian life.

2:4 병사로 복무하는 자. 아이는 비가 오면 감기 때문에 밖으로 나가는 것을 조심해야 한다. 여자 청년은 밤에 밖으로 나가는 것을 조심해야 한다. 그러나 군사는 그런 것 때문에 군사 작전을 멈추지 않는다. 작은 일만 생겨도 허둥지둥하는 사람이 아니라 천둥 번개가 쳐도 오롯이 하나님 나라의 길을 가는 좋은 군사가 되어야 한다.

5 경기하는 자가 법대로 경기하지 아니하면 승리자의 관을 얻지 못할 것이며

5 An athlete who runs in a race cannot win the prize unless he obeys the rules.

2:5 경기하는 자가 법대로. '법대로 경기'를 말한다. 운동선수는 '법대로 경기해야' 하는데 이것은 아마 힘들어도 끝까지 규칙을 지키는 것에 대한 것이거나 아니면 이 당시 전문적인 선수들은 올림픽이 있기 전 10개월 정도 모여 합숙훈련을 하였는데 그 훈련(법)을 받는 것을 의미할 것이다. 힘들어도 법을 지키며 경기해야 나중에 상을 받는 것이 유효하다. 지독한 훈련을 이겨내지 않으면 경기에서 결코 이길 수 없다.

6 수고하는 농부가 곡식을 먼저 받는 것이 마땅하니라
6 The farmer who has done the hard work should have the first share of the harvest.

2:6 수고하는 농부. 수고하는 농부가 곡식을 받을 권리가 있다. 수고하지 않으면 좋은 열매를 기대할 수 없다. 고난에 대해 끝까지 강하게 인내해야 한다. 복음의 일꾼은 좋은 군사처럼, 훌륭한 운동선수처럼, 땀 흘리는 농부처럼 고난을 받더라도 변함 없이 복음이라는 나무를 가꾸어 가야 한다.

7 내가 말하는 것을 생각해 보라 주께서 범사에 네게 총명을 주시리라
8 내가 전한 복음대로 다윗의 씨로 죽은 자 가운데서 다시 살아나신 예수 그리스도를 기억하라
7 Think about what I am saying, because the Lord will enable you to understand it all.
8 Remember Jesus Christ, who was raised from death, who was a descendant of David, as is taught in the Good News I preach.

2:8 디모데에게 자신의 고난의 정당성을 8절부터 13절까지 그리스도를 예로 들어 설명한다. 복음의 훌륭한 일꾼으로 살기 위해서는 복음의 원조인 그리스도를 보아야 한다. **예수 그리스도를 기억하라.** 헬라어 문장은 '기억하라 예수 그리스도를'로 시작한다. 예수 그리스도께서 죽음에서 부활하신 것을 기억하라고 말한다. 예수님은 고난 받으셨고 부활하셨다. 복음은 고난이 없는 것이 아니라 부활이 있는 것이다.

9 복음으로 말미암아 내가 죄인과 같이 매이는 데까지 고난을 받았으나 하나님의 말씀은 매이지 아니하니라
10 그러므로 내가 택함 받은 자들을 위하여 모든 것을 참음은 그들도 그리스도

예수 안에 있는 구원을 영원한 영광과 함께 받게 하려 함이라

9 Because I preach the Good News, I suffer and I am even chained like a criminal. But the word of God is not in chains,

10 and so I endure everything for the sake of God's chosen people, in order that they too may obtain the salvation that comes through Christ Jesus and brings eternal glory.

2:10 그리스도 예수 안에 있는 구원. 그리스도는 친히 세상의 고난을 참으셨고, 또한 고난을 참으며 복음의 일에 동참하는 이들에게 구원과 영광을 주신다. 예수님이 주시는 구원과 영광을 깊이 묵상해야 한다. 영광스러운 구원을 생각하고 그것을 알기만 하면 복음을 위해 무엇인가를 참는 것은 누워서 떡 먹기다.

11 미쁘다 이 말이여 우리가 주와 함께 죽었으면 또한 함께 살 것이요

11 This is a true saying: "If we have died with him, we shall also live with him.

2:11 우리가 주와 함께 죽었으면 또한 함께 살 것이요. 초대교회 교인들은 이런 구호를 가지고 있었던 것 같다. 이것은 구호에 그치지 않고 참으로 분명한 사실이다. 미쁜 말이다. 그러니 이제 주와 함께 죽으려 할 때 그것은 '함께 살기 위한 길'이 된다. 그러니 어찌 두려워하겠는가?

12 참으면 또한 함께 왕 노릇 할 것이요 우리가 주를 부인하면 주도 우리를 부인하실 것이라

13 우리는 미쁨이 없을지라도 주는 항상 미쁘시니 자기를 부인하실 수 없으시리라

12 If we continue to endure, we shall also rule with him. If we deny him, he also will deny us.

13 If we are not faithful, he remains faithful, because he cannot be false to himself."

2:13 우리는 미쁨이 없을지라도. 바울은 어려운 상황에서 믿음을 잃어버린 사람들까지도 생각하고 있다. 디모데가 목회를 하는 곳에서 많은 이들이 작은 믿음 가운데 두려워하였고 어떤 이들은 아예 떠나기도 한 것 같다. 그것은 미쁨이 없는 행동이다.

주는 항상 미쁘시니. 그리스도께서는 신실하게 그 백성을 기다리고 계신다. 그래서 그 백성이 회개하고 하나님께 돌아서면 하나님께서 그들을 받아 주실 것이다. 미쁘신 분이기 때문이다. 그래서 미쁘신 그리스도를 기억하여 그리스도께 돌아올 것을 권면하고 있다.

그리스도를 생각하면 죽음의 위협은 위험이 아니다. 그리스도도 이미 죽으셨다. 또한 부활하셨다. 사람들이 두려움을 갖고 있는 것은 그리스도를 마음 중심에서 놓치고 있기 때문이다. 그리스도 중심성을 다시 회복해야 한다. 그러면 용기를 낼 수 있다. 이전에 비겁하였던 사람이라도 다시 용기를 내야 한다. 미쁘신 그리스도께서 그들을 기다리고 계신다. 그러기에 이전에 그리스도를 부인하였다 할지라도 다시 그리스도 중심성을 회복하면 된다.

14 너는 그들로 이 일을 기억하게 하여 말다툼을 하지 말라고 하나님 앞에서 엄히 명하라 이는 유익이 하나도 없고 도리어 듣는 자들을 망하게 함이라
14 Remind your people of this, and give them a solemn warning in God's presence not to fight over words. It dces no good, but only ruins the people who listen.

2:14 너는 그들로 이 일을 기억하게 하여. 사람들에게 중요한 것은 복음이다. 생명의 일이요 영생의 일인 복음의 중요성을 기억하고 그것에 집중하는 것이다.
말다툼을 하지 말라고 하나님 앞에서 엄히 명하라. '하나님 앞에서 엄히 명하라'는 말은 내용의 심각성에 대한 강조다. '하나님 앞에서'라는 것 자체가 '하나님이 증인이 되시는 것'을 의미하는 것이며 매우 엄숙한 맹세와 같다. 또한 '엄히 명하라'는 것을 통해 형식과 내용까지도 엄히 말할 것을 말하는 강조다.
말다툼은 일반적인 말다툼을 의미하는 것이 아니고 '말씀에 대한 다툼'이다. 하나님 말씀을 해석하고 가르치는 일에 있어 어떤 이들이 다툼을 벌인 것으로 보인다. 그들의 다툼은 진리를 향한 탐구가 아니었다. 말씀을 앞에 두고도 자신의 생각을 앞세우는 것이었다. 자신의 잘난 체나 무지를 드러내는 다툼이었다. 말씀에 대해 이야기하는 것 같으나 실상은 자신의 생각에 대해 이야기하였다.

15 너는 진리의 말씀을 옳게 분별하며 부끄러울 것이 없는 일꾼으로 인정된 자로 자신을 하나님 앞에 드리기를 힘쓰라
15 Do your best to win full approval in God's sight, as a worker who is not ashamed of his work, one who correctly teaches the message of God's truth.

2:15 힘쓰라. '열정을 가지고 부지런히 애써야 한다'는 의미를 담고 있다. 지금 디모데가 힘써야 할 것은 죽음을 앞에 둔 바울에 대한 걱정이 아니다. 디모데가 힘써야 할 두 가지를 말한다.

진리의 말씀을 옳게 분별하며. '진리의 말씀을 정확히 다루도록'으로 해석해도 좋다. 이 것의 직역 의미는 '무엇인가를 똑바로 자르다'이다. 말씀을 해석함에 있어 어떤 단어 가 어떤 단어를 수식하는지, 어떤 단어가 어떤 의미를 가지고 있는지, 전체 문장에서 어떤 의미를 가지고 있는지를 아는 것은 결코 쉽지 않다. 많은 오해가 있다. 디모데에 게 중요한 것은 말씀을 가르치는 자로서 말씀을 옳게 가르치는 것이다. 이것은 많은 교육과 시간과 노력이 필요하다. 이것을 위해 애써야 한다. 오늘날 모든 목회자가 잘 들어야 할 말씀이다.

부끄러울 것이 없는 일꾼으로 인정된 자로 자신을 하나님 앞에 드리기를. 거짓이 가득한 곳에서 우리는 자신도 모르게 거짓에 물들기 쉽다. 생선 가게에 있다 보면 생선 냄새 가 배이는 것처럼 말이다. 그래서 디모데는 복음이 핍박받는 환경에서 그리고 복음이 퇴색되는 환경에서 자기 자신이 하나님 앞에서 향기로운 사람이 될 수 있도록 하나 님의 기쁨이 되는 사람이 되도록 부단히 열정을 가지고 힘써야 했다. 이것은 모든 시 대 모든 사람들에게도 마찬가지다. 기독교가 부흥의 때도 있지만 때로는 침체기도 있 다. 침체기라 하여 자신의 신앙까지 침체기가 되어서는 안 된다. 자신의 신앙을 잘 살 펴야 한다.

16 망령되고 헛된 말을 버리라 그들은 경건하지 아니함에 점점 나아가나니
16 Keep away from profane and foolish discussions, which only drive people further away from God.

2:16 버리라. 가치 없고 헛된 말을 피해야 한다고 말한다. 그러한 '망령되고 헛된 말' 은 경건과 반대 길로 이끌기 때문이다. 거짓 선생들이 자신의 이야기를 늘어 놓는데 '자신'은 경건이 아니라 불경건의 삶을 살고 있다. 그러면 그들의 말을 듣는 사람들도 결국은 그들의 말에 이끌리어 불경건한 사람이 될 것이다.
하나님 말씀도 아니면서 말만 청산유수처럼 잘 하는 사람들이 있다. 그들의 삶을 보 라. 경건 즉 하나님을 두려워하고 하나님께서 기뻐하시는 삶과는 거리가 멀다. 삶은 세상적인 화려함으로 가득하다. 그렇다면 그들은 분명 거짓 선생이다.

17 그들의 말은 악성 종양이 퍼져나감과 같은데 그 중에 후메내오와 빌레도가 있느니라
17 Such teaching is like an open sore that eats away the flesh. Two men who have taught such things are Hymenaeus and Philetus.

2:17 그들의 말은 악성 종양. 처음에는 별것 아닌 것 같은데 결국은 많은 이들을 감염시킨다. 함께 망하게 한다. 성공병에 걸린 사람들의 말은 유치하다. 그런데 그들의 말을 좇아가는 사람들이 의외로 많다. 매우 많다. **후메내오와 빌레도가 있느니라.** 에베소 교회에 악성종양과 같은 말을 하는 사람이 있었다. 오늘날도 많다.

18 진리에 관하여는 그들이 그릇되었도다 부활이 이미 지나갔다 함으로 어떤 사람들의 믿음을 무너뜨리느니라
18 They have left the way of truth and are upsetting the faith of some believers by saying that our resurrection has already taken place.

2:18 부활이 이미 지나갔다. '부활이 이미 일어났다'는 주장이다. 부활은 예수님도 분명히 말씀하셨다. 그런데도 불구하고 그들은 자신들의 생각에 의해 부활에 대해 엉터리로 가르쳤다. 부활을 믿지 않기 때문에 회심을 부활로 설명하거나 영적인 부활의 측면만 말하는 이들도 있었다. 바울 당시의 사람들이 헬라 철학의 영향으로 육체적 부활을 믿지 않았던 것처럼 오늘날에도 자유주의적 신학 영향으로 부활을 비웃는 사람들도 있다. 말씀이 말하는 것이 분명함에도 불구하고 시대 사조와 자신의 생각으로 말씀을 부정하는 이들의 말은 악성종양이다.

19 그러나 하나님의 견고한 터는 섰으니 인침이 있어 일렀으되 주께서 자기 백성을 아신다 하며 또 주의 이름을 부르는 자마다 불의에서 떠날지어다 하였느니라
19 But the solid foundation that God has laid cannot be shaken; and on it are written these words: "The Lord knows those who are his" and "All who say that they belong to the Lord must turn away from wrongdoing."

2:19 하나님의 견고한 터는 섰으니. 이것이 주동사다. '터'는 교회이며 교회에서 가르치는 말씀이며 복음이다. 교회는 어떤 것이 있어도 변하지 않는다. 말씀도 변하지 않는다. 복음도 변하지 않는다. 오직 교회만이 구원으로 이끄는 길이 된다. 그러기에 세상의 것을 교회에 가져와서 엉뚱한 소리를 하지 말아야 한다.
주의 이름을 부르는 자는 불의에서 떠날지어다. 교회에서 세상의 주장과 걱정으로 가득한 것이 '불의'다. 우리는 오직 '하나님의 견고한 터'에서 흔들리지 말고 우리의 길을 가야 한다.

20 큰 집에는 금 그릇과 은 그릇뿐 아니라 나무 그릇과 질그릇도 있어 귀하게 쓰는 것도 있고 천하게 쓰는 것도 있나니

20 In a large house there are dishes and bowls of all kinds: some are made of silver and gold, others of wood and clay; some are for special occasions, others for ordinary use.

2:20 큰 집. 교회와 더 나아가 하나님 나라 전체를 상징한다. **그릇.** 사람을 상징한다. 그릇의 재료가 금, 은, 나무, 토기가 나온다. 사람들은 주로 이런 재료에 관심이 많다. 그런데 오늘 본문은 이것에 대해서는 하나도 말하지 않는다.

귀하게 쓰는 것도 있고 천하게 쓰는 것도 있나니. 이것은 그릇이 사용되는 목적을 의미한다. 그릇의 재질이 아니라 목적이 중요하다. 아무리 금 그릇이라도 천하게 쓰는 것이 될 수 있다. 금 그릇이어서 사람들이 보기에는 아주 좋게 보일지라도 만약 잘못된 목적으로 사용되면 아무 의미가 없다. 교회 리더가 금그릇처럼 화려한 사람이라도 만약 하나님의 목적을 이루지 않으면 천하게 사용되는 것이다. 그러기에 교회 안에서 세상 사람들처럼 재료에 집중하지 않도록 해야 한다.

21 그러므로 누구든지 이런 것에서 자기를 깨끗하게 하면 귀히 쓰는 그릇이 되어 거룩하고 주인의 쓰심에 합당하며 모든 선한 일에 준비함이 되리라

21 If anyone makes himself or herself clean from all those evil things, they will be used for special purposes, because they are dedicated and useful to their Master, ready to be used for every good deed.

2:21 귀하게 사용되기 위해서 중요한 것이 무엇일까? **누구든지.** '누구든지'라고 말하는 것을 기억하라. 이것은 일차적으로 디모데가 사역하고 있는 에베소 모든 교인을 의미한다. 그리고 오늘날 모든 신앙인을 의미한다고 볼 수 있다. '누구든지'라고 말하는 것을 기억하라. 이것은 그릇의 재료가 무엇이든지 '상관없이'라고 생각할 수 있다.

자기를 깨끗하게 하면 귀히 쓰는 그릇이 되어. '자기를 깨끗하게 하면'이라는 조건에 맞추면 누구든지 '귀히 쓰는 그릇'이 된다. 태어난 자리나 능력, 재산이나 은사가 아니다. 누구든지 자신을 깨끗이 하면 '귀한 그릇이 될 수' 있다.

누구든지 귀한 그릇이 될 수 있다. 어떤 특별한 자리이어야 하는 것이 아니라 지금 있는 그 자리에서 귀한 그릇이 될 수 있다. 그러니 모든 신앙인은 귀한 그릇이 되도록 노력해야 한다. 귀한 그릇이 되어야 한다.

다른 조건들을 생각하며 자신은 귀한 그릇이 될 수 없다고 한탄하지 말아야 한다. 포기하고 무관심하지 말아야 한다. 깨끗한 그릇이 되어 우리 모두가 '나는 하나님이 귀

히 쓰시는 그릇이다'라고 말할 수 있어야 한다. 최소한 '나는 하나님이 귀히 쓰시는 그릇이 되고 싶다'고 말하는 사람이 되어야 한다.

22 또한 너는 청년의 정욕을 피하고 주를 깨끗한 마음으로 부르는 자들과 함께 의와 믿음과 사랑과 화평을 따르라
22 Avoid the passions of youth, and strive for righteousness, faith, love, and peace, together with those who with a pure heart call out to the Lord for help.

2:22 주를 깨끗한 마음으로 부르는 자. '깨끗한'은 앞에 나온 '깨끗한 그릇'의 '깨끗한'과 같은 어근이다. 의와 믿음과 사랑과 화평. 디모데후서에서 계속 강조하고 있는 마음이다. 삶이다. 이러한 마음이 가득하여 사는 사람이 바로 깨끗한 마음을 가진 사람이며 깨끗한 그릇이다.

청년의 정욕을 피하고. 사람은 늘 많은 죄를 가지고 있다. 청년의 때에 가지기 쉬운 죄를 '청년의 정욕'이라고 표현하고 있다. 육신의 정욕을 포함하여 과도한 욕심이나 작은 일에 두려워하는 마음 등 청년의 시기에 갖는 불신앙적인 마음을 의미한다. 이것을 위해 철저히 자신과의 싸움이 필요하다. 깨끗한 마음을 가진 사람이 싸워야 하는 진정한 적은 자기 자신 안에 있다. 청년 디모데가 청년의 정욕과 싸워야 했듯이 우리는 저마다의 위치와 때에 맞게 일어나는 죄성과 싸워야 한다.

23 어리석고 무식한 변론을 버리라 이에서 다툼이 나는 줄 앎이라
24 주의 종은 마땅히 다투지 아니하고 모든 사람에 대하여 온유하며 가르치기를 잘하며 참으며
23 But keep away from foolish and ignorant arguments; you know that they end up in quarrels.
24 As the Lord's servant, you must not quarrel. You must be kind towards all, a good and patient teacher,

2:23-24 때로 '깨끗함'을 강조하는 사람들이 다른 사람들과 잘 싸우는 경우가 있다. 그러나 잘 다투는 사람은 깨끗한 마음의 소유자가 아니다. **주의 종.** '주의 종'이라는 호칭이 여기에서는 디모데를 향한 호칭이지만 꼭 목회자에게만 해당하는 것은 아니다. 모든 사람이 '주의 종'이다. '무식한 변론'이 '다툼'을 낳기 때문에 그러한 것을 피하라 말한다. 말씀에서 벗어난, 유익이 없는 그러한 말싸움은 의미가 없다.

다투지 아니하고. 자신의 생각이 강한 사람은 그것을 주장하며 다툼이 생길 것이다.

그러나 주의 종이라 생각한다면 주의 뜻을 따라 멈추어야 한다. 다툼이 구원을 이루었다는 말을 못 들었다. 우리의 주님은 사람들의 구원을 원하신다. 그러니 다투지 말고 주님의 뜻을 좇아 끝까지 참아야 한다.

모든 사람에 대하여 온유하며. 모든 사람을 향하여 '온유'해야 한다. '온유'는 친절함이나 유순함의 의미를 가지고 있다. 너무 강한 사람이 되지 마라. 분명한 소신을 가지고 있어야 하나 사람들을 향하여 너무 강하지 마라. 상대가 아무리 나쁜 사람이라 하여도 그 사람을 향한 친절함을 거두지 마라. 늘 사람을 향하여 친절하라.

친절함이 때로는 약간의 가식처럼 느낄 수도 있다. 내 마음속에서는 좋아하지 않는데 친절하게 대할 때 그렇다. 그러나 그것은 가식이 아니라 자신의 거짓 마음과 싸우는 것이다. 친절은 좋은 것이다. 가식이라 느끼면 자신의 친절함을 바꿀 것이 아니라 싫어하는 속마음을 바꾸라.

> **25** 거역하는 자를 온유함으로 훈계할지니 혹 하나님이 그들에게 회개함을 주사 진리를 알게 하실까 하며
> **26** 그들로 깨어 마귀의 올무에서 벗어나 하나님께 사로잡힌 바 되어 그 뜻을 따르게 하실까 함이라
> **25** gentle as you correct your opponents, for it may be that God will give them the opportunity to repent and come to know the truth.
> **26** And then they will come to their senses and escape from the trap of the Devil, who had caught them and made them obey his will.

2:25 친절함이 얼마나 중요한지를 추가적으로 말한다. **거역하는 자를 온유함으로 훈계할지니.** 반대하는 사람이어도 그들을 향해 '온유'로 대하라고 말한다. 반대하는 사람이라 할지라도 싸워 이겨야 하는 사람이 아니다. 싸워서 무찌르는 것이 아니라 잘 가르쳐 '회개'하게 하고 진리에 이르게 해야 하는 사람들이다.

혹 하나님이 그들에게 회개함을 주사 진리를 알게 하실까 하며. 누가 싸우는 사람의 이야기를 듣겠는가? 싸우면 '혹시'는 없다. 지금 결코 돌아오지 않을 사람처럼 보여도 싸우지 말고 '혹시'를 생각하며 끝까지 온유로 대해야 한다.

3장

1 너는 이것을 알라 말세에 고통하는 때가 이르러
1 Remember that there will be difficult times in the last days.

3:1 말세. '마지막 시대'로 이 땅의 마지막 시대를 의미한다. 구체적으로는 '예수님의 승천부터 재림 사이의 기간'이다. 주님이 오시기 전에는 주님이 오셔야 하는 시대가 있었다. 주님이 계실 때는 승천하신 이후의 시대가 있었다. 이제 주님이 승천하셨기 때문에 주님이 재림하시기까지 다른 시대가 없다. 오직 주님의 재림만 남았다. 그래서 '말세'라고 말한다.

고통하는 때. '고통'만이 아니라 '위험한'의 의미도 가지고 있다. 주님이 재림하시기 전 이 세상은 고통도 있지만 위험하기도 하다. 오늘날 사람들은 고통이 없으면 말세라는 생각을 잊곤한다. 그러나 이 세상은 말세라는 사실을 잘 기억해야 한다. 말세는 마지막 세대다. 주님이 오시기 전 마지막 시대다. 오늘 주님이 오셔도 이상하지 않다. 말세이기 때문이다.

말세에는 치열한 싸움이 있는 시대다. 주님이 오시기 직전의 시대이기 때문에 구원을 위한 치열한 싸움이 있다. 그러한 치열한 싸움은 외부적 모습보다는 내부적 모습으로 있을 것이다. 그래서 말세에는 지진이나 전쟁이라는 특징보다 더욱더 중요한 특징은 영적 전쟁이다. 영적전쟁은 어떤 것보다 더 위험한 전쟁이다.

2 사람들이 자기를 사랑하며 돈을 사랑하며 자랑하며 교만하며 비방하며 부모를 거역하며 감사하지 아니하며 거룩하지 아니하며
2 People will be selfish, greedy, boastful, and conceited; they will be insulting, disobedient to their parents, ungrateful, and irreligious;

3:2 2절-5절에 나와 있는 말세의 죄에 대해 잘 알아야 한다. 이러한 죄가 말세에 가득할 것이다. 영적전쟁이 일어나는 부분이다. 이러한 영적전쟁에서 가장 중요한 부분은 '이기주의'다. 아담이 선악과를 자신의 생각과 감정대로 먹었듯이 사람들이 자신의 생각과 감정으로 살아간다. 말세에 나타나는 19가지의 죄를 살펴보자.

사람들이 자기를 사랑하며. '자신을 사랑하는 것'은 본래 좋은 것이다. 옳게 사랑하면 그렇다. 여기에서 '사랑'(헬. 필로스)은 '친구'라는 기본의미를 가지고 있는 단어다. 사람들이 자기 자신에게만 익숙하고 자기 자신만 생각한다는 것이다. 사람은 기본적으로 하나님으로부터 왔기 때문에 하나님을 사랑해야 한다. 하나님과 친밀해야 한다. 하나님께 익숙해야 한다. 그러나 말세에는 사람들이 하나님을 생각하지 않고 자기만 생각한다. 하나님을 '최애 친구'삼는 것이 아니라 자기 자신을 '최애 친구'삼는 것이다. 다른 죄들도 자세히 보면 많은 부분이 '자신'에게 집중되어 있기 때문에 생기는 죄들이다. '돈을 사랑하는 것'도 하나님을 구원으로 삼지 않고 자기 자신이 자신을 구원하고자 돈을 찾는 것이다. '자랑하며'와 '교만하며'도 그러하다. 하나님 없는 자신의 비참함을 알아야 하는데 그렇지 않고 뭐가 잘났는지 자기 자신만 높이며 산다. 자신이 중요하니 '쾌락을 사랑하기를 하나님 사랑하는 것보다 더하며' 살고 있다.

3 무정하며 원통함을 풀지 아니하며 모함하며 절제하지 못하며 사나우며 선한 것을 좋아하지 아니하며
4 배신하며 조급하며 자만하며 쾌락을 사랑하기를 하나님 사랑하는 것보다 더하며
5 경건의 모양은 있으나 경건의 능력은 부인하니 이같은 자들에게서 네가 돌아서라
3 they will be unkind, merciless, slanderers, violent, and fierce; they will hate the good;
4 they will be treacherous, reckless, and swollen with pride; they will love pleasure rather than God;
5 they will hold to the outward form of our religion, but reject its real power. Keep away from such people.

3:5 경건의 모양은 있으나. 앞서 나온 모든 죄의 항목들이 교회의 사람들에게도 침투하지만 또한 경건이라는 이름으로 침투하기도 한다. **경건의 능력은 부인.** 경건은 참으로 중요하다. 신앙인은 하나님을 경외하기에 경건으로서 예배하며 자선을 베푼다. 그런데 그러한 것을 진심으로 하지 않고 겉모양으로만 하는 경우가 있다. 그것이 경건의 능력은 없이 모양만 남은 경건이다. 예배하고 자선을 베풀고 있으면서도 실제로는 진짜가 아닌 경우도 있다.

6 그들 중에 남의 집에 가만히 들어가 어리석은 여자를 유인하는 자들이 있으니 그 여자는 죄를 중히 지고 여러 가지 욕심에 끌린 바 되어
6 Some of them go into people's houses and gain control over weak women who are burdened by the guilt of their sins and driven by all kinds of desires,

3:6 남의 집에 가만히 들어가 어리석은 여자를 유인하는 자들. 경건의 모양만 있는 예로 가정집에서 거짓 성경공부를 하는 사람들에 대해 이야기한다. 오늘날 이단과 매우 흡사하다. 이단들도 성경공부를 가장하여 가정으로 침투한다. 그런데 침투하는 이들도

침투당하는 이들도 '어리석은 사람'이다.

여자는 죄를 중히 지고 여러 가지 욕심에 끌린 바 되어. 어리석은 여성이 죄의 문제에 대해 어리석은 가르침에 쉽게 유혹되는 것을 말하는 것이다.

오늘날 이단들도 성경공부를 한다고 하지만 들어보면 성경이 아니라 자신들의 사상 주입이다. 인용하는 성경 구절은 성경의 의미가 아니라 자신들의 사상으로 바꾸어 전한다. 참으로 유치한 내용이다. 그런데 어리석은 사람들은 그것을 성경으로 속아넘어간다. 성경 공부라는 경건의 모양은 있었으나 실제로는 성경을 배우는 것이 아니기 때문에 경건의 능력은 없다. 경건은 구원으로 이끄는 능력을 가지고 있으나 그들의 경건은 모양만 가지고 있기에 멸망으로 이끄는 것이다.

7 항상 배우나 끝내 진리의 지식에 이를 수 없느니라
8 얀네와 얌브레가 모세를 대적한 것 같이 그들도 진리를 대적하니 이 사람들은 그 마음이 부패한 자요 믿음에 관하여는 버림 받은 자들이라

7 women who are always trying to learn but who can never come to know the truth.
8 As Jannes and Jambres were opposed to Moses, so also these people are opposed to the truth—people whose minds do not function and who are failures in the faith.

3:8 얀네와 얌브레가 모세를 대적한 것 같이. 이들의 이름은 구약 성경에 나와 있지 않지만 유대인 전승에 나온 사람들이다. 모세가 이스라엘의 출애굽을 위해 애굽의 바로 앞에 나갈 때 바로의 책사와 마법사로 있었던 사람들이다. 그들은 자신들의 지팡이를 뱀으로 둔갑시키기도 하였다. 그러나 그것은 속임수일 뿐이다. 그들의 지팡이는 뱀이 될 수 없다. 모양은 있었지만 실제로는 능력이 없는 속임수일 뿐이었다.

9 그러나 그들이 더 나아가지 못할 것은 저 두 사람이 된 것과 같이 그들의 어리석음이 드러날 것임이라
10 나의 교훈과 행실과 의향과 믿음과 오래 참음과 사랑과 인내와
11 박해를 받음과 고난과 또한 안디옥과 이고니온과 루스드라에서 당한 일과 어떠한 박해를 받은 것을 네가 과연 보고 알았거니와 주께서 이 모든 것 가운데서 나를 건지셨느니라

9 But they will not get very far, because everyone will see how stupid they are. That is just what happened to Jannes and Jambres.
10 But you have followed my teaching, my conduct, and my purpose in life; you have observed my faith, my patience, my love, my endurance,
11 my persecutions, and my sufferings. You know all that happened to me in Antioch, Iconium, and Lystra, the terrible persecutions I endured! But the Lord rescued me from

them all.

3:10-11 네가 과연 보고 알았거니와. 이것이 중간에 있지만 헬라어는 10절을 '너는'으로 시작한다. '너는'이 강조된 문장이다. 세상 사람들이 죄로 가득하고 심지어 교회 안에서 거짓 선생들이 거짓된 경건으로 살고 있어도 '너는 이것을 따라왔다'라고 말한다. 디모데가 지금까지 살아왔고 앞으로도 살아가야 하는 신앙인의 길이다.
나의 교훈과 행실. 바울은 디모데에게 자신의 신앙의 길과 모습을 자신 있게 말한다. 디모데는 오랫동안 그것을 보아왔다. 그렇게 신앙의 길을 실제적으로 가는 바울을 보았기 때문에 디모데는 신앙의 길을 더 잘 갈 수 있게 된다.

12 무릇 그리스도 예수 안에서 경건하게 살고자 하는 자는 박해를 받으리라
12 Everyone who wants to live a godly life in union with Christ Jesus will be persecuted;

3:12 박해를 받으리라. 말세에 있는 죄와 죄의 박해에 꺾이지 말아야 한다. 바울이 많은 어려움을 겪었다. 그러나 그는 그러한 박해가 '경건하게 살고자 하는 자'에게 당연히 있는 것이라 말한다. 경건의 능력의 가장 큰 특징은 환하게 빛나는 것이 아니라 '박해를 받는 것'이다. 진리 때문에 박해를 받고 박해를 받아도 끝까지 진리를 지키는 것이다.

13 악한 사람들과 속이는 자들은 더욱 악하여져서 속이기도 하고 속기도 하나니
13 and evil persons and impostors will keep on going from bad to worse, deceiving others and being deceived themselves.

3:13 더욱 악하여져서 속이기도 하고 속기도 하나니. 세상은 복음을 모르기 때문에 서로 속고 속인다. 그들이 가는 길은 모두 속이는 길이다. 좋지도 않으면서 좋다고 말한다. 복음이 없기 때문이다. 복음은 복음을 아는 사람만이 갈 수 있는 길이다.

14 그러나 너는 배우고 확신한 일에 거하라 너는 네가 누구에게서 배운 것을 알며
14 But as for you, continue in the truths that you were taught and firmly believe. You know who your teachers were,

3:14 신앙인이 세상에서 살아남는 것이 어렵다. 세상은 다수가 진리다. 세상의 박해를 받고 교회 안의 거짓 신앙인들에게 비난을 받으면서 진리를 지키는 것이 어렵다. 무엇이 진리인지 혼란스럽게 되기도 한다. 그러나 우리에게는 변함 없고 영원한 기준이 있다. **너는 배우고 확신한 일에 거하라.** 때로 세상은 다른 것을 말한다. 그러나 성경은 어제나 오늘이나 영원토록 변함이 없다. 그것에 확실하게 뿌리를 내려야 한다.

15 또 어려서부터 성경을 알았나니 성경은 능히 너로 하여금 그리스도 예수 안에 있는 믿음으로 말미암아 구원에 이르는 지혜가 있게 하느니라
15 and you remember that ever since you were a child, you have known the Holy Scriptures, which are able to give you the wisdom that leads to salvation through faith in Christ Jesus.

3:15 세상은 여러가지 자기 주장을 한다. 그러나 구원을 주장하지는 않고 그렇게 주장한다 하여도 구원은 없다. **성경은 능히 너로 하여금...구원에 이르는 지혜가 있게 하느니라.** 오직 성경 안에서 구원을 발견할 수 있다. 바울 당시에는 성경을 믿는 사람이 매우 적었다. 그러나 오늘날은 성경을 믿는 사람이 아주 많다. 수많은 연구가 이루어졌다. 그러니 성경을 더 신뢰하기가 쉽다. 성경은 모든 시대에 모든 사람에게 구원에 이르게 하는 유일한 진리를 가르친다. 수많은 의견에 누구 말이 맞는지 혼란스러워하지 말고 성경이 무엇을 말하는지를 살피면 된다.

16 모든 성경은 하나님의 감동으로 된 것으로 교훈과 책망과 바르게 함과 의로 교육하기에 유익하니
16 All Scripture is inspired by God and is useful for teaching the truth, rebuking error, correcting faults, and giving instruction for right living,

3:16 모든 성경은 하나님의 감동으로 된 것. 성경은 신적 권위를 가지고 있다. 그러한 성경이 우리에게 있다는 것이 말세를 살아가는데 가장 큰 위로다. 세상의 모든 것이 사람들의 말이다. 그러나 성경은 하나님의 말씀이어서 사람들이 살아야 할 길을 가르친다. 그 길은 유일하다.
교훈과 책망. 우리가 '무엇을 알아야 하는지'에 대한 것이다. 무엇이 진리이고 무엇이 거짓인지를 성경을 통해 깨닫고 경고를 들을 수 있다.
바르게 함과 의로 교육. 우리가 '무엇을 행해야 하는지'에 대한 것이다. 우리는 성경을 통해 우리의 행동을 '바르게함(고침)'이 필요하다. 그리고 옳은 행동을 하도록 '훈련

(교육)'되어야 한다. 그렇게 우리의 마음과 삶이 성경을 통해 가르쳐지고 조정되어야 한다.

17 이는 하나님의 사람으로 온전하게 하며 모든 선한 일을 행할 능력을 갖추게 하려 함이라

17 so that the person who serves God may be fully qualified and equipped to do every kind of good deed.

3:17 우리는 성경이라는 도구를 통해 마음과 삶이 만져짐으로 드디어 하나님의 사람이 된다. **하나님의 사람으로 온전하게 하며.** 하나님의 사람이라 들을 수 있는 것은 하나님의 뜻을 알고 그것을 행하는 사람이라는 것이다. 선한 일을 행할 능력을 갖추게. '선한 일'은 오직 성경이 말하는 것이다. 그것을 알고 그것을 따라 사는 삶이 일정 괘도에 오르면 이제 선한 일을 행할 능력을 갖춘 사람이다. 하나님의 일에 전문가가 된다.

신앙인은 하나님의 사람이 되어야 한다. 하나님의 일에 전문가가 되어야 한다. 성경을 모르는 사람은 하나님의 사람이 될 수 없다. 그러나 성경을 알면 하나님의 사람이 된다. 전문가가 된다. 성경이 있으니 우리 앞에 길이 있는 것이다. 성경을 알기 위해 힘쓰라. 날마다 성경을 묵상하면서 성경을 알아야 한다. 지금 알고 있는 것보다 더 많이 알아야 한다. 그래야 신앙인의 길을 잘 갈 수 있다.

4장

1 하나님 앞과 살아 있는 자와 죽은 자를 심판하실 그리스도 예수 앞에서 그가 나타나실 것과 그의 나라를 두고 엄히 명하노니

1 In the presence of God and of Christ Jesus, who will judge the living and the dead, and because he is coming to rule as King, I solemnly urge you

4:1 엄히 명한다. 이 명령이 5절까지 이어진다. '하나님 앞과 그리스도 예수 앞에서' 엄히 명한다고 말한다. 이보다 더 큰 강조가 있을까?

그가 나타나실 것과 그의 나라를 두고. 그 내용이 주님의 재림과 천국에서 가장 중요한 것이기에 엄히 명하는 것이다. 예수님이 재림하시면 심판하신다. 그때 모든 기준은 성경이다. 이 땅에서 모든 삶은 천국에까지 이어질 것이다. 그때 가치 기준은 성경이다.

그러니 성경보다 더 귀한 것은 없다.

2 너는 말씀을 전파하라 때를 얻든지 못 얻든지 항상 힘쓰라 범사에 오래 참음과 가르침으로 경책하며 경계하며 권하라
2 to preach the message, to insist upon proclaiming it (whether the time is right or not), to convince, reproach, and encourage, as you teach with all patience.

4:2 너는 말씀을 전파하라. 이것이 1절의 목적절이다. 또는 이것과 더불어 5절까지 전체가 목적절이 될 수도 있다. 가장 강조하여 말하고 있는 것은 '말씀'이다.
때를 얻든지 못 얻든지 항상 힘쓰라. 사람들이 말씀을 좋아하든지 좋아하지 않든지, 열매가 적든지 많든지, 언제든지 말씀을 전해야 한다. 말씀으로 경고하고 권해야 하며 격려해야 한다. 계속 말씀을 강조해야 한다. 인생이 말씀에 따라 만들어지도록 해야 한다.

3 때가 이르리니 사람이 바른 교훈을 받지 아니하며 귀가 가려워서 자기의 사욕을 따를 스승을 많이 두고
3 The time will come when people will not listen to sound doctrine, but will follow their own desires and will collect for themselves more and more teachers who will tell them what they are itching to hear.

4:3 사람들이 말씀을 그리 좋아하지는 않을 것이다. **귀가 가려워서.** 늘 새로운 것을 찾아 나서는 호기심에 대한 비유다. 사람들은 수천년이 지난 말씀을 새롭게 여기지 않는다. 사실 그들이 배워야 하는 모든 새로움이 성경에 있지만 말이다. 그들은 귀를 자극하고 탐욕을 채우는 이야기에 귀를 기울일 것이다. 심지어는 교회에서 조차도 말씀을 잘 들으려 하지 않는다.

4 또 그 귀를 진리에서 돌이켜 허탄한 이야기를 따르리라
4 They will turn away from listening to the truth and give their attention to legends.

4:4 진리에서 돌이켜 허탄한 이야기를 따르리라. 사람들은 분명 성경보다 허탄한 이야기를 더 좋아할 것이다. 사람들에게 성경을 가르쳐야 하는 이유는 그들이 좋아해서가 아니라 그것이 진리이기 때문이다. 그것을 먼저 깨달은 사람들이 모든 힘을 다하여 성경을 전해야 한다.

5 그러나 너는 모든 일에 신중하여 고난을 받으며 전도자의 일을 하며 네 직무를 다하라

5 But you must keep control of yourself in all circumstances; endure suffering, do the work of a preacher of the Good News, and perform your whole duty as a servant of God.

4:5 고난을 받으며 전도자의 일을 하며. 힘들어도 묵묵히 성경을 가르쳐야 한다. 복음을 가르쳐야 한다. 진리를 아는 사람들은 오직 성경만이 사람들에게 구원에 이르게 한다는 것을 안다. 그래서 성경을 가르쳐야 한다.

6 전제와 같이 내가 벌써 부어지고 나의 떠날 시각이 가까웠도다

6 As for me, the hour has come for me to be sacrificed; the time is here for me to leave this life.

4:6 전제와 같이 내가 벌써 부어지고. 포도주가 제물에 부어지는 것처럼 그는 이제 거의 다 부어졌다. 그래서 그는 자신의 삶을 정리하며 말한다.

7 나는 선한 싸움을 싸우고 나의 달려갈 길을 마치고 믿음을 지켰으니

7 I have done my best in the race, I have run the full distance, and I have kept the faith.

4:7 나는 선한 싸움을 싸우고. 그의 인생은 참 처절한 싸움이었지만 선한 싸움이었다. 말씀을 위한 싸움이었기 때문이다. 사람들이 '인생이 전투다' 말하면서 싸우는 인생을 살지만 선한 싸움이 아니라 쓸데없는 싸움만 하다가 끝나는 경우가 많다.
믿음을 지켰으니. 그가 믿음을 지켰다는 것은 말씀에 따라 살았다는 것을 의미한다. 말씀에 따라 살기 위해 모든 것을 다하였다는 뜻이다.

8 이제 후로는 나를 위하여 의의 면류관이 예비되었으므로 주 곧 의로우신 재판장이 그 날에 내게 주실 것이며 내게만 아니라 주의 나타나심을 사모하는 모든 자에게도니라

8 And now there is waiting for me the victory prize of being put right with God, which the Lord, the righteous Judge, will give me on that Day—and not only to me, but to all those who wait with love for him to appear.

4:8 의의 면류관. '금 면류관'이 아니라 '의의 면류관'이다. 바울이 말씀을 전하고 지키며 산 삶이 모두 모아져서 '의 면류관'이 된다.

바울이 말씀을 전하고 지키며 산 삶이 모두 모아져서 '의 면류관'이 된다. '의'는 말씀에 따라 사는 것을 의미한다. 말씀에 따라 우리는 우리의 구원자 예수님을 안다. 말씀에 따라 예수 그리스도의 제자가 된다. 그렇게 말씀을 따라 산 삶이 의의 면류관이 된다.

주의 나타나심을 사모하는 모든 자. 주님의 재림을 사모하는 사람은 말씀을 따라 살 것이다. 예수님은 재림하셔서 말씀을 따라 심판하신다. 말씀을 따라 산 모든 사람에게 의의 면류관을 주신다.

'호랑이는 죽어 가죽을 남기고 사람은 죽어 이름을 남긴다' 말한다. 아니다. 사람이 이름 석자만 남기면 안 된다. 사람은 죽어 '말씀'을 남겨야 한다. 사람이 죽어 이 세상의 모든 것을 심판 받을 때 '의로우신 재판장'께서 우리의 삶을 그의 의로운 말씀을 따라 심판하신다. 말씀을 따라 산 삶에 대해서는 면류관이라는 상급이 있을 것이고 말씀을 따르지 않은 삶에 대해서는 심판이 있을 것이다. 모든 삶은 정확히 두 종류다. '말씀을 따라 살았는가 말씀과 상관없이 살았는가'이다. 말씀을 따라 산 삶은 영광이 된다. 사람은 죽어서 말씀을 남긴다.

9 너는 어서 속히 내게로 오라
9 Do your best to come to me soon.

4:9 어서 속히...오라. '속히'를 동사와 부사로 반복하여 말하고 있다. 많은 어려움이 있다는 것을 의미한다. 바울은 자신의 생명의 남은 날이 며칠일지 아니면 몇달일지 모르는 상황이었다. 그래서 마지막으로 디모데를 보기 원하였다.

로마에 있는 바울의 편지가 에베소에 있는 디모데에게 전해지고, 디모데가 폭풍으로 인해 배편이 끊기는 11월 전에 도착해야 했기에 시간은 매우 촉박했다. 어쩌면 디모데를 다시 보지 못할 수도 있다. 바울이 위로 받고, 디모데가 용기를 얻기 위해 둘의 만남은 꼭 필요했던 것으로 보인다.

10 데마는 이 세상을 사랑하여 나를 버리고 데살로니가로 갔고 그레스게는 갈라디아로, 디도는 달마디아로 갔고
10 Demas fell in love with this present world and has deserted me, going off to Thessalonica. Crescens went to Galatia, and Titus to Dalmatia.

4:10 데마는 이 세상을 사랑하여 나를 버리고. 데마는 우연히 같은 이름인 것이 아니라

면 얼마 전까지 함께 하였던 인물이다. "사랑을 받는 의사 누가와 또 데마가 너희에게 문안하느니라"(골 4:14) 골로새 교회에게 편지를 쓸 때도 아주 중요한 동역자였던 사람이다. 빌레몬서에서도 안부 인사에 나온다. 그런데 데마가 '세상을 사랑하여 나를 버리고'라고 말한다. 데마가 믿음을 버린 것은 아닐 수 있지만 부정적인 의미로 바울을 떠난 것은 분명해 보인다. 계속 함께 사역하던 데마라면 바울의 마음이 얼마나 아팠을까?

그레스게는 갈라디아로 디도는 달마디아로 갔고. 이들은 어쩌면 바울이 교회를 돌보도록 그들을 보낸 것일 수 있다. 그러나 분명한 것은 지금 그들이 바울과 함께 있지 않다는 것이다. 함께하던 이들이 떠나는 것은 매우 허전한 일이다.

11 누가만 나와 함께 있느니라 네가 올 때에 마가를 데리고 오라 그가 나의 일에 유익하니라
11 Only Luke is with me. Get Mark and bring him with you, because he can help me in the work.

4:11 마가. 이전에 잠시 사이가 좋지 못했던 '마가를 데리고 오라'고 말한다. 어떤 사람은 바울을 배신하였다. 그러나 어떤 사람은 여전히 그와 함께 믿음의 길을 가고 있었다. 사람 때문에 힘들었지만 또한 사람 때문에 위로가 되었다.

12 두기고는 에베소로 보내었노라
13 네가 올 때에 내가 드로아 가보의 집에 둔 겉옷을 가지고 오고 또 책은 특별히 가죽 종이에 쓴 것을 가져오라
12 I sent Tychicus to Ephesus.
13 When you come, bring my coat that I left in Troas with Carpus; bring the books too, and especially the ones made of parchment.

4:13 겉옷을 가지고 오고. 날씨는 점점 추어지고 있었던 것으로 보인다. 로마에 올 때 드로아에 있는 가보의 집에 들려 옷을 가져다 달라고 부탁한다. 바울은 추운 겨울을 지내다가 사형에 처해질 것으로 보인다. 추위를 조금이나마 이길 수 있도록 두꺼운 외투를 부탁하고 있는 것이다.

가죽 종이에 쓴 것을 가져오라. 애용하는 구약 성경의 일부일 수도 있고 아니면 그가 써야 하는 마지막 어떤 글일 수도 있다. 그는 그렇게 어려운 상황에서도 책을 통해 마지막 사명의 길을 가고 있다. 우리도 마지막까지 성경을 들고 있어야 한다.

14 구리 세공업자 알렉산더가 내게 해를 많이 입혔으매 주께서 그 행한 대로 그에게 갚으시리니

14 Alexander the metalworker did me much harm; the Lord will reward him according to what he has done.

4:14 구리 세공업자 알렉산더. 복음을 위해 모든 수고를 하였던 바울의 마지막 몇 달은 그리 편안하지 않았다. 마지막 몇 달이라도 조금 더 편안하고 복음이 힘있게 전달되면 조금 위로가 되었을 텐데 그렇지 못했다. 어느 것 하나 제대로 이루어지지 않고 있었다. 알렉산더. 구리 세공업자 알렉산더로 인하여 진리가 도전 받고 있었다.

15 너도 그를 주의하라 그가 우리 말을 심히 대적하였느니라
16 내가 처음 변명할 때에 나와 함께 한 자가 하나도 없고 다 나를 버렸으나 그들에게 허물을 돌리지 않기를 원하노라
17 주께서 내 곁에 서서 나에게 힘을 주심은 나로 말미암아 선포된 말씀이 온전히 전파되어 모든 이방인이 듣게 하려 하심이니 내가 사자의 입에서 건짐을 받았느니라

15 Be on your guard against him yourself, because he was violently opposed to our message.
16 No one stood by me the first time I defended myself; all deserted me. May God not count it against them!
17 But the Lord stayed with me and gave me strength, so that I was able to proclaim the full message for all the Gentiles to hear; and I was rescued from being sentenced to death.

4:17 주께서 내 곁에 서서 나에게 힘을 주심은. 많은 사람들이 떠나 빈 자리가 생기고 힘들었지만 그때마다 여지 없이 하나님께서 함께하여 주시고 힘을 주시는 것을 경험하였다. 빠진 힘만큼 하나님의 힘으로 채워진다면 그 자리는 연약한 모습이 아니라 강한 모습이 될 것이다. 이 세상은 끝까지 어려울 수 있다. 그러나 그 어려움이 어려움으로 끝나지 말고 하나님의 임재로 채워진다면 그것은 화가 아니라 복이다. 그러기에 우리는 어려워진 상황을 낙심하지 말고 그곳에 임재하시는 하나님을 바라보아야 한다.
나로 말미암아 선포된 말씀이 온전히 전파되어 모든 이방인이 듣게 하려 하심이니. 바울은 감옥에서도 말씀이 전해지는 것을 기뻐하였다. 아마 재판 과정에서 그가 변론한 것을 말하는 것 같다. 그것이 위로가 되었다.

18 주께서 나를 모든 악한 일에서 건져내시고 또 그의 천국에 들어가도록 구원

하시리니 그에게 영광이 세세무궁토록 있을지어다 아멘
18 And the Lord will rescue me from all evil and take me safely into his heavenly Kingdom. To him be the glory for ever and ever! Amen.

4:18 주께서 나를 모든 악한 일에서 건져내시고. 하나님의 임재는 구체적이다. 하나님의 은혜는 구체적이다. '하나님께서 건져내신다'는 것은 바울이 '원하는 모든 것을 이루어 주신다'는 것은 아니다. 바울은 로마 감옥에서 벗어나는 것이 아니라 죽음을 맞이하게 될 것이다. 그러나 그 가운데서도 바울은 하나님의 건져내심을 경험하였다. 그것이 구체적으로 무엇인지 모르지만 바울은 감옥 안에서도 하나님의 구원을 경험하고 있었다. **천국에 들어가도록 구원하시리니.** 무엇보다 큰 구원은 천국에 들어가는 영원한 구원이다. 천국의 구원은 결국 모든 것으로부터의 구원이다. 바울은 감옥에서 여러 구원을 경험하였지만 결국은 감옥에서 나오지 못하였다고 조롱하는 사람이 있을지 모르겠다. 그러나 바울은 결국 천국에 들어간다. 천국은 감옥에서 나오는 것보다 더 궁극적이고 영원하며 행복한 구원이다.

19 브리스가와 아굴라와 및 오네시보로의 집에 문안하라
20 에라스도는 고린도에 머물러 있고 드로비모는 병들어서 밀레도에 두었노니
19 I send greetings to Priscilla and Aquila and to the family of Onesiphorus.
20 Erastus stayed in Corinth, and I left Trophimus in Miletus, because he was ill.

4:20 드로비모는 병들어서 밀레도에 두었노니. 그 와중에 누군가는 병에 걸려 바울의 마음이 그것에 신경이 쓰였다. 그의 마지막 생애 몇 달은 그렇게 문제가 해결되기보다는 많은 것이 쌓여 있는 상태였다. 설상가상의 문제도 있었다.

21 너는 겨울 전에 어서 오라 으불로와 부데와 리노와 글라우디아와 모든 형제가 다 네게 문안하느니라
22 나는 주께서 네 심령에 함께 계시기를 바라노니 은혜가 너희와 함께 있을지어다
21 Do your best to come before winter. Eubulus, Pudens, Linus, and Claudia send their greetings, and so do all the other Christians.
22 The Lord be with your spirit. God's grace be with you all.

4:22 은혜. 바울은 비록 어려움 상황에 있고 곧 죽음을 맞이하게 될 것이지만 자신을 향한 하나님의 은혜가 얼마나 크고 놀라운지를 알았다. 바로 그러한 은혜를 에베소

교인들이 알기를 원하였다. 바울에게만 하나님의 은혜가 있을까? 에베소 교인들에게
도 있다. 중요한 것은 에베소 교인들이 하나님의 은혜를 알고 누려야 한다는 것이다.
바울은 모든 편지에서 마지막 인사로 '은혜'를 말한다. 하나님의 은혜를 아는 것이 가
장 중요하기 때문일 것이다. 지금 살아가는 순간순간이 하나님의 은혜다. 선물이다.
누구도 절망하지 말아야 한다. 인생은 깨닫기만 하면 누구에게나 황홀한 인생이다.
은혜를 알아야 한다. 영원히 죽을 수밖에 없는 우리를 위해 하나님께서 무엇을 하셨
고 무엇을 하고 계시는지 은혜의 일을 알아야 한다. 우리는 누구든 버려지지 않았다.
하나님의 은혜 가운데 있다. 하나님의 놀라운 선물이 우리에게 주어졌다. 손을 내밀
어 그 선물을 받아야 한다. 은혜를 받아야 한다. 그러면 인생은 찬란하게 빛날 것이
다. 영광이 가득할 것이다.

복음자로 서라. 복음은 영광을 약속한다. 그래서 기쁜 소식이고, 그것을 가지고 전하
고 있다는 것이 가장 큰 행복이다. 복음 자체가 영광이고 행복이다. 복음 외에 무엇이
더 있어야 행복한 것이 아니라 복음으로 행복한 것이다. 행복한 복음자가 되기를 기도
한다.

디도서

목 차

디도서는 그레데 섬에 목사로 파견된 디도에게 바울이 목회편지로 보낸 서신이다. 그리스 아래에 위치한 그레데 섬의 넓이는 제주도의 4.5배다. 일찍부터 발달되어 청동기에 미노아 문명이 있었다. 철기도 일찍 받아들였고 성경의 블레셋이 이곳에서 온 사람들로 추정된다. 그레데 섬은 발달된 곳에서 흔히 발견되는 비도덕이 만연하였던 것으로 보인다. "그레데인 중의 어떤 선지자가 말하되 그레데인들은 항상 거짓말쟁이며 악한 짐승이며 배만 위하는 게으름뱅이라 하니"(딛 1:12)
도덕적으로 불명예를 가지고 있던 지역이다. 그곳에 목사로 파견되어 지도자를 세우고 돌보는 일을 맡았던 바울의 동역자인 디도에게 바울이 편지를 보냈다.

디도서의 주 내용은 기독교인이 어떻게 행동을 해야 하는지에 대한 것이다. 교회의 지도자를 뽑을 때는 어떤 사람을 뽑아야 하고, 또한 교회의 성도들은 어떻게 행동해야 하는지를 말하고 있다. '선한 일'이라는 핵심 단어가 디도서를 관통한다. 바른 교훈과 바른 삶을 통해 신앙인이 걸어가야 하는 바른 길을 이야기한다.

1 하나님의 종이요 예수 그리스도의 사도인 나 바울이 사도 된 것은 하나님이 택하신 자들의 믿음과 경건함에 속한 진리의 지식과
1 From Paul, a servant of God and an apostle of Jesus Christ. I was chosen and sent to help the faith of God's chosen people and to lead them to the truth taught by our religion,

1:1 택하신 자들의 믿음. 바울은 자신이 사도가 된 것은 '하나님이 택하신 자들의 믿음'을 위한 것이라고 말한다. 우리의 믿음은 '하나님'이 택하여 주신 것이다. 로마 황제가 누군가를 택하였으면 그 사람은 영광으로 알 것이다. 믿음은 창조주 하나님께서 특별히 그 사람에게 주신 것이다. 그래서 다른 것에 비할 수 없이 탁월하다. **경건함에 속한 진리의 지식.** 복음은 수많은 지식이 아니라 유일한 진리의 지식이다. 힘 없는 지식이 아니라 '경건함에 속한' 것이다. 경건은 '하나님을 경외함에서 나오는 행동'으로서 윤리적인 것을 포함한 많은 행동을 의미한다. 지식으로 그치는 것이 아니라 많은 아름다운 행동을 하게 하는 지식이다.

2 영생의 소망을 위함이라 이 영생은 거짓이 없으신 하나님이 영원 전부터 약속하신 것인데
2 which is based on the hope for eternal life. God, who does not lie, promised us this life before the beginning of time,

1:2 영생의 소망. 바울이 말하는 '소망'은 세상에서 조금 더 많은 돈을 얻는 것이나 건강하게 사는 것이 아니다. 그것은 '영생'이라는 소망이다. 어떤 것보다 더 가치 있는 소망이다.

3 자기 때에 자기의 말씀을 전도로 나타내셨으니 이 전도는 우리 구주 하나님이 명하신 대로 내게 맡기신 것이라
4 같은 믿음을 따라 나의 참 아들 된 디도에게 편지하노니 하나님 아버지와 그리스도 예수 우리 구주로부터 은혜와 평강이 네게 있을지어다
5 내가 너를 그레데에 남겨 둔 이유는 남은 일을 정리하고 내가 명한 대로 각 성에 장로들을 세우게 하려 함이니
3 and at the right time he revealed it in his message. This was entrusted to me, and I proclaim it by order of God our Saviour.
4 I write to Titus, my true son in the faith that we have in common. May God the Father and

Christ Jesus our Saviour give you grace and peace.
5 I left you in Crete, so that you could put in order the things that still needed doing and appoint church elders in every town. Remember my instructions:

1:5 각 성에 장로들을 세우게 하려 함이니. 바울은 디도에게 그레데 각 성에서 장로들을 세우라고 말한다. 교회에 좋은 리더가 세워져야 한다. 좋은 리더가 세워져야 진리의 복음이 전해질 수 있기 때문이다. 복음이라는 위대한 진리가 전해지기 위해서는 사람이 세워져야 한다. 바른 사람이 세워져야 한다.

6 책망할 것이 없고 한 아내의 남편이며 방탕하다는 비난을 받거나 불순종하는 일이 없는 믿는 자녀를 둔 자라야 할지라
7 감독은 하나님의 청지기로서 책망할 것이 없고 제 고집대로 하지 아니하며 급히 분내지 아니하며 술을 즐기지 아니하며 구타하지 아니하며 더러운 이득을 탐하지 아니하며
6 an elder must be blameless; he must have only one wife, and his children must be believers and not have the reputation of being wild or disobedient.
7 For since a church leader is in charge of God's work, he should be blameless. He must not be arrogant or quick-tempered, or a drunkard or violent or greedy for money.

1:7 감독은 하나님의 청지기로서. 장로와 감독은 같은 사람에 대해 교차적으로 사용하고 있다. 장로는 하나님의 '청지기'라는 사실을 기억해야 한다. 특별히 하나님께서 교회를 맡기셨다. 복음을 맡기셨다. 영광스러운 교회와 복음을 위해 세워지는 사람이다.
책망할 것이 없고. 그가 먼저 말씀을 제대로 지키는 사람이어야 한다는 말씀이다. 말씀을 지키는 것 중에 무엇보다 디도서에서 강조되는 것은 절제(8절)다. 복음을 전하는 사람으로 살고자 한다면 먼저 자신을 절제하는 것이 필요하다. 어떤 생각이나 감정이 생길 때 일단 절제하고 그것이 진리의 생각이요 감정인지를 생각해 보아야 한다.

8 오직 나그네를 대접하며 선행을 좋아하며 신중하며 의로우며 거룩하며 절제하며
9 미쁜 말씀의 가르침을 그대로 지켜야 하리니 이는 능히 바른 교훈으로 권면하고 거슬러 말하는 자들을 책망하게 하려 함이라
8 He must be hospitable and love what is good. He must be self-controlled, upright, holy, and disciplined.
9 He must hold firmly to the message which can be trusted and which agrees with the doctrine. In this way he will be able to encourage others with the true teaching and also to show the error of those who are opposed to it.

1:9 미쁜 말씀의 가르침을 그대로 지켜야 하리니. 영광의 말씀을 자신이 지켜야 한다. **바른 교훈으로 권면하고 거슬러 말하는 자들을 책망하게 하려 함이라.** 장로는 '바른 교훈'을 알아야 한다. 성경을 알아야 한다. 성경을 본래의 뜻으로 제대로 해석할 수 있어야 한다. 바른 교훈을 분별하지 못하면 권면하고 책망하는 것을 전혀 하지 못할 것이다.

한 마디로 장로는 바른 교훈을 분별하고, 그것에 따라 살면서, 그것을 가르치는 사람이다. 그런 사람을 장로(목사)로 세워야 한다.

10 불순종하고 헛된 말을 하며 속이는 자가 많은 중 할례파 가운데 특히 그러하니
10 For there are many, especially converts from Judaism, who rebel and deceive others with their nonsense.

1:10 할례파. 예수님에 의해 율법의 완성이 이루어졌는데도 불구하고 여전히 어떤 의식에 붙잡혀 있는 사람들이다. 특히 할례를 마치 구원을 위한 필수적인 것으로 가르치는 사람들이었다. 그런데 그들은 바른 교훈에서 벗어났을 뿐만 아니라 그들의 삶도 거짓되었다.

불순종하고 헛된 말을 하며. '할례의 유무'로 구원의 유무를 말하는 것은 참으로 잘못된 것이다. 왜 그렇게 할례를 강조할까? 그것만큼 쉬운 구원도 없을 것이다. 할례만 받으면 되기 때문이다. 그래서 많은 사람들이 혹하였다.

기독교 안에서 구원을 쉽게 말하는 사람들이 있다. '무엇만 하면 된다'고 말한다. '믿기만 하면 된다' '입으로 시인만 하면 된다'고 말하기도 한다. 그러나 그러한 쉬운 방법은 결코 구원의 길이 될 수 없다. 구원은 자신의 주인이 바뀌어야 가능하다. 주인이 바뀌는 것이 어찌 쉽게 되겠는가? 값싼 구원, 쉬운 구원의 길은 다 가짜다. 넓은 길이 아니라 좁은 길이다. 철저히 자기 자신을 쳐 복종시키는 십자가의 길만이 구원의 길이다.

11 그들의 입을 막을 것이라 이런 자들이 더러운 이득을 취하려고 마땅하지 아니한 것을 가르쳐 가정들을 온통 무너뜨리는도다
11 It is necessary to stop their talk, because they are upsetting whole families by teaching what they should not, and all for the shameful purpose of making money.

1:11 더러운 이득을 취하려고 마땅하지 아니한 것을 가르쳐 가정들을 온통 무너뜨리는도

다. 거짓 교훈을 가르치는 사람들을 보라. 이단들을 보라. 한결같이 자신들은 대궐 같은 집에서 산다. 그들은 더러운 이득을 위해 그렇게 거짓 교훈을 가르치는 것이다. 진리를 가르쳐 자기 자신이 호의호식하는 이들은 모두 거짓이다. 자세히 들어보면 그것이 거짓인 것을 알 수 있다.

> **12** 그레데인 중의 어떤 선지자가 말하되 그레데인들은 항상 거짓말쟁이며 악한 짐승이며 배만 위하는 게으름뱅이라 하니
> **13** 이 증언이 참되도다 그러므로 네가 그들을 엄히 꾸짖으라 이는 그들로 하여금 믿음을 온전하게 하고
> **12** It was a Cretan himself, one of their own prophets, who spoke the truth when he said, "Cretans are always liars, wicked beasts, and lazy gluttons." For this reason you must rebuke them sharply, so that they may have a healthy faith

1:13 믿음을 온전하게 하고. 그레데는 일찍이 문화 경제적으로 발달된 지역이다. 그러다 보니 그들 안에는 오늘날 발달된 곳에서 만연하는 거짓 뉴스와 사기처럼 그러한 일들이 많이 벌어졌다. 그 속에서 믿음이 그들에 의해 곡해되고 있었다. 특히 할례파에 의해 더욱더 그러했다. 온전한 믿음은 바른 교훈과 그것에 따른 삶이다.

> **14** 유대인의 허탄한 이야기와 진리를 배반하는 사람들의 명령을 따르지 않게 하려 함이라
> **15** 깨끗한 자들에게는 모든 것이 깨끗하나 더럽고 믿지 아니하는 자들에게는 아무 것도 깨끗한 것이 없고 오직 그들의 마음과 양심이 더러운지라
> **16** 그들이 하나님을 시인하나 행위로는 부인하니 가증한 자요 복종하지 아니하는 자요 모든 선한 일을 버리는 자니라
> **14** and no longer hold on to Jewish legends and to human commandments which come from people who have rejected the truth.
> **15** Everything is pure to those who are themselves pure; but nothing is pure to those who are defiled and unbelieving, for their minds and consciences have been defiled.
> **16** They claim that they know God, but their actions deny it. They are hateful and disobedient, not fit to do anything good.

1:16 그들이 하나님을 시인하나 행위로는 부인하니 가증한 자요. 그들의 거짓 교훈이 잘 구분되지 않을 때는 그들의 행위를 보면 알 수 있다. 그들의 행위가 거짓되면 그들은 하나님을 믿는 사람이 아니다.

오늘날도 마찬가지다. 그들의 행위로 하나님을 부인하는 사람들이 많다. 입술로는 하

나님을 믿는 것 같다. 그러나 행위로 부정하면 그들은 가증한 자라고 말한다. 입으로는 하나님을 말하는 것 같으나 그들이 말하는 것을 조금 더 들어보면 실제로 거짓 교훈이다. 자신의 성공을 위해 살아가는 거짓 목회자들은 '행위로 하나님을 부인하는 자'이다.

(2장)

1 오직 너는 바른 교훈에 합당한 것을 말하여
1 But you must teach what agrees with sound doctrine.

2:1 오직 너는. '그러나 너는'이라고 번역하는 것이 더 나을 것 같다. 앞에서 말한 거짓 교훈을 가르치는 사람과 달리 바른 교훈을 가르치는 사람이 가야 하는 길에 대한 말씀이다.

바른 교훈에 합당한 것. 거짓 교훈은 언행의 일치가 없다. 그러나 바른 교훈은 언행의 일치가 있어야 한다. 그것이 진리라고 믿는다면 당연히 그 길을 걸어가야 한다.

말하여. 이 단어의 기본적인 뜻은 '말하다'이지만 여기에서는 '가르치다'라고 의역하는 것이 내용을 더 잘 전달할 수 있을 것 같다. 디도에게 바른 교훈에 합당한 행동이 무엇인지를 가르치라는 것이다.

2 늙은 남자로는 절제하며 경건하며 신중하며 믿음과 사랑과 인내함에 온전하게 하고
2 Instruct the older men to be sober, sensible, and self-controlled; to be sound in their faith, love, and endurance.

2:2 '늙은 남자' '늙은 여자' '젊은 여자' '젊은 남자' '종'은 가정에서의 중요한 분류다. 이것은 일차적으로 가정에서 바른 교훈이 적용되는 것을 말한다.

늙은 남자로는 절제하며. '절제'는 힘을 가진 사람의 최고의 덕목이다. 대가족 가정에서 '늙은 남자'는 힘을 가진 사람이다. 그들은 힘을 자기 멋대로 사용하는 것이 아니라 하나님의 뜻을 생각하며 가정 구성원을 사랑하며 조심스럽게 사용해야 한다.

3 늙은 여자로는 이와 같이 행실이 거룩하며 모함하지 말며 많은 술의 종이 되지 아니하며 선한 것을 가르치는 자들이 되고

3 In the same way instruct the older women to behave as women should who live a holy life. They must not be slanderers or slaves to wine. They must teach what is good,

2:3 늙은 여자로는 이와 같이 행실이 거룩하며. 3-5절에 걸쳐 나이 먹은 여인이 더욱 신경써서 해야 하는 일을 가르친다. 나이 먹은 여인은 이 당시 가정에서 실제적인 리더 역할을 하기 때문에 나이 먹은 여자가 해야 하는 일을 더 많이 기록하고 있는 것으로 보인다.

4 그들로 젊은 여자들을 교훈하되 그 남편과 자녀를 사랑하며
5 신중하며 순전하며 집안 일을 하며 선하며 자기 남편에게 복종하게 하라 이는 하나님의 말씀이 비방을 받지 않게 하려 함이라

4 in order to train the younger women to love their husbands and children,
5 to be self-controlled and pure, and to be good housewives who submit to their husbands, so that no one will speak evil of the message that comes from God.

2:5 하나님의 말씀이 비방을 받지 않게 하려 함이라. 사람들은 세상에서 나이가 다르고 성이 다르고 신분이 다르지만 하나님 앞에서 하나님의 백성이라는 면에 있어 모두 동일하다. 그래서 그들이 하는 일의 모든 목적은 같다.

6 너는 이와 같이 젊은 남자들을 신중하도록 권면하되
7 범사에 네 자신이 선한 일의 본을 보이며 교훈에 부패하지 아니함과 단정함과

6 In the same way urge the young men to be self-controlled.
7 In all things you yourself must be an example of good behaviour. Be sincere and serious in your teaching.

2:7 범사에 네 자신이 선한 일의 본을 보이며. 디도가 '젊은 남자' 그룹에 속하기 때문에 젊은 남자로서 해야 하는 일에 모범을 보이라고 말하고 있다.

8 책망할 것이 없는 바른 말을 하게 하라 이는 대적하는 자로 하여금 부끄러워 우리를 악하다 할 것이 없게 하려 함이라
9 종들은 자기 상전들에게 범사에 순종하여 기쁘게 하고 거슬러 말하지 말며

8 Use sound words that cannot be criticized, so that your enemies may be put to shame by not having anything bad to say about us.

9 Slaves are to submit to their masters and please them in all things. They must not answer them back

2:9 종들은 자기 상전들에게 범사에 순종하여. 종은 집 안에서 가장 힘든 사람들일 것이다. 그러나 종이라는 세상의 신분이 중요한 것이 아니라 하나님 앞에서의 신분이 중요하다. 그는 사람의 종으로서가 아니라 하나님의 백성으로서의 바른 교훈을 지켜야 한다.

바른 교훈은 결코 사람들 안에서 잠자지 않는다. 사람들을 깨우고 바른 교훈 때문에 가정이 건강하도록 만든다. 믿음을 가진 사람들이 가정에서 먼저 달라야 한다. 가정에서 믿음으로 살아야 한다.

10 훔치지 말고 오히려 모든 참된 신실성을 나타내게 하라 이는 범사에 우리 구주 하나님의 교훈을 빛나게 하려 함이라

10 or steal from them. Instead, they must show that they are always good and faithful, so as to bring credit to the teaching about God our Saviour in all they do.

2:10 하나님의 교훈을 빛나게 하려 함이라. 그들은 모두 하나님 앞에서 사는 사람들이다. 하나님의 말씀을 드러내는 사람들이다.

11 모든 사람에게 구원을 주시는 하나님의 은혜가 나타나

11 For God has revealed his grace for the salvation of the whole human race.

2:11 모든 사람에게 구원을 주시는 하나님의 은혜. 이것은 모든 사람이 구원을 얻는다는 말이 아니다. 이것은 모든 부류의 사람에게 구원을 주시는 하나님의 은혜를 말한다. 성이나 나이나 신분에 의해 구원이 구분되지 않는다. 그러기에 모든 사람들은 자신의 위치를 탓할 것이 아니라 그곳에서 자신을 향한 바른 교훈과 바른 삶이 무엇인지를 잘 살펴야 한다.

우리가 있는 그 자리는 구원의 자리다. 은혜의 자리다. 어떤 자리이든 마찬가지다. 지금은 죄가 가득하여 종의 모습일 수도 있다. 돈이 없을 수도 있다. 핍박받는 모습일 수도 있다. 그러나 그 자리에서 우리는 구원을 입을 수 있다. 그래서 그 자리는 은혜의 자리다. 그러기에 죄가 만들어내는 것에 관심을 둘 것이 아니라 하나님의 백성으로 살아야 하는 것이 관심을 두어야 한다.

12 우리를 양육하시되 경건하지 않은 것과 이 세상 정욕을 다 버리고 신중함과 의로움과 경건함으로 이 세상에 살고

12 That grace instructs us to give up ungodly living and worldly passions, and to live self-controlled, upright, and godly lives in this world,

2:12 경건하지 않은 것과 이 세상 정욕을 다 버리고. 하나님을 경외함이 없는 행동과 세상 욕심으로 하는 행동을 버려야 한다. 힘이 있다고 교만하고 힘이 없다고 좌절할 것이 아니다. 하나님을 경외함이 중요하다.

신중함과 의로움과 경건함으로 이 세상에 살고. 세상 욕심이 아니라 하나님의 뜻에 대한 욕심을 가져야 한다. '신중함'은 '분별'이다. 하나님의 뜻을 잘 분별해야 한다. '의로움'은 하나님의 법이다. 하나님의 법을 기준으로 살아야 한다. '경건함'은 하나님을 경외함에서 나오는 행동이다. 하나님을 경외함으로 행동해야 한다.

13 복스러운 소망과 우리의 크신 하나님 구주 예수 그리스도의 영광이 나타나심을 기다리게 하셨으니

13 as we wait for the blessed Day we hope for, when the glory of our great God and Saviour Jesus Christ will appear.

2:13 복스러운 소망. 뒤의 것이 이것을 나타내는데 강조하기 위해 이중으로 사용한 것이다. **하나님 구주 예수 그리스도의 영광이 나타나심을 기다리게 하셨으니.** 예수님을 '하나님 구주 예수 그리스도'라고 표현한 곳은 이곳이 유일하다. 앞의 하나님을 '성부 하나님'으로 번역할 수도 있으나 예수님에 대한 표현으로 하나님을 사용한 것으로 보는 것이 더 자연스럽다. 예수 그리스도의 재림이 우리의 소망이다. 복스러운 소망이다. 그리스도의 재림은 모든 구원이 이루어지는 날이기 때문에 복스러운 소망이다. 또한 이 땅에서 열심히 바른 믿음에 의해 산 사람들에게는 더욱더 복스러운 소망이 될 것이다. 이 세상에서는 믿음대로 사는 것이 인정을 받지 못하고 힘들지만 주님이 오시면 그 날 이 땅에서 바른 믿음을 따라 산 것이 얼마나 복스러운 것인지 드러날 것이이다. 그래서 그 날을 기다린다. 열정적으로 기다린다.

14 그가 우리를 대신하여 자신을 주심은 모든 불법에서 우리를 속량하시고 우리를 깨끗하게 하사 선한 일을 열심히 하는 자기 백성이 되게 하려 하심이라
15 너는 이것을 말하고 권면하며 모든 권위로 책망하여 누구에게서든지 업신여김을 받지 말라

14 He gave himself for us, to rescue us from all wickedness and to make us a pure people who belong to him alone and are eager to do good.
15 Teach these things and use your full authority as you encourage and rebuke your hearers. Let none of them look down on you.

2:14 그가 우리를 대신하여 자신을 주심은. 예수님께서 우리의 죄를 대신하여 죽으심으로 우리는 지금 의인의 자리에 있는 것이다.

모든 불법에서 우리를 속량하시고 우리를 깨끗하게 하사. 우리는 주님의 대속으로 우리의 죄가 사해지고 이제 더 이상 죄의 종이 아니라 하나님의 자녀로 살 수 있게 되었다. 우리를 깨끗하게 하셨기 때문에 우리 안에 하나님께서 임재하실 수 있게 되었고 하나님이 이끄시는 거룩한 삶을 살 수 있게 된 것이다.

선한 일을 열심히 하는 자기 백성이 되게 하려 하심이라. 은혜를 말하는 사람이 선한 일을 열심히 하지 않는 경우가 있다. 그렇다면 그 사람은 은혜를 모르는 사람이다. 은혜를 받은 사람은 자신의 지금 위치가 얼마나 큰 은혜로 주어진 것인지를 알기 때문에 그 위치에서 모든 최선을 다한다. 그곳에서 선한 일이 무엇인지를 잘 살펴서 하나님께 영광될 일을 한다. 최선을 다하여 한다.

이전에 죄인의 상태에서는 그것을 할 수 있는 힘이 없었으나 이제 대속됨으로 인하여 성령 하나님이 우리 안에 계신다. 그래서 그 일을 충실하게 할 수 있다. 그러니 이제 그 일을 하는 사람이 되어야 한다. 그러할 때 '하나님의 백성'임이 드러나게 될 것이다. 하나님께서 우리로 인하여 자랑스럽게 생각하실 것이다.

3장

1 너는 그들로 하여금 통치자들과 권세 잡은 자들에게 복종하며 순종하며 모든 선한 일 행하기를 준비하게 하며
1 Remind your people to submit to rulers and authorities, to obey them, and to be ready to do good in every way.

3:1 성도는 선한 길을 집중하여 열심히 가야 한다. 그런데 그 길을 가는 것을 방해하는 것이 있기에 그것을 경계할 것을 말한다. **통치자들과 권세 잡은 자들에게 복종하며 순종하며.** '통치자'는 정부와 관련된 통치자의 의미가 있다. 그리고 '권세 잡은 자'는 세상의 다양한 권위를 가진 사람과 관련되어 있다. 선생이나 부모 등 우리 주변에는

다양한 것들이 권위를 기반으로 형성되어 있다.

이 당시 로마 제국의 통치자는 네로였다. 네로에게 복종하고 순종하는 것은 결코 쉬운 일이 아닐 것이다. 그러나 바울은 디도에게 그것을 가르치라 말한다. 세상의 통치자가 거짓된 사람이기 때문에 거부하는 것이 아니라, 그들이 거짓된 것을 우리에게 행하도록 할 때만 거부하고 다른 면에 있어서는 순종해야 한다. 예를 들어 그가 걷은 세금으로 나쁜 일을 할 것이다. 그러나 세금내는 것은 나쁜 일이 아니기 때문에 세금을 내야 한다.

오늘날을 포스트모더니즘 시대라 말한다. 모더니즘 시대에는 이성으로 다른 권위들을 거부하였다. 포스트모더니즘 시대에는 그 이성의 권위마저 거부하는 시대다. 모든 권위를 거부하는 시대라는 뜻이다. 그러기에 통치자와 권세 잡은 자에게 복종하고 순종하는 것이 가장 어려운 시대다. 오늘날 주변을 보라. 권위에 대한 존중이 사라졌다. 그러나 성경은 세상 권위에 대해서조차 복종하고 순종하라고 말한다.

모든 선한 일 행하기를 준비하게 하며. 디도서는 '선한 일'에 대해 아주 강조하며 말한다. 핵심 중심 주제다. 그것을 기독교인의 표징으로서 말한다. 바른 교훈을 가진 사람의 징표다. 선한 일을 하기 위해 우리는 준비되어 있어야 한다. 그러나 어떤 사람들은 선한 일이 아니라 싸움을 위해 태어난 것 같다.

2 아무도 비방하지 말며 다투지 말며 관용하며 범사에 온유함을 모든 사람에게 나타낼 것을 기억하게 하라
2 Tell them not to speak evil of anyone, but to be peaceful and friendly, and always to show a gentle attitude towards everyone.

3:2 비방하지 말며 다투지 말며 관용하며 범사에 온유함을 모든 사람에게 나타낼 것. 이 4가지는 앞에서 말하는 선한 일을 하기 위해 먼저 요구되는 것이다. 비방하며 다투는 사람을 보라. 싸우느라 선한 일을 할 시간이 없다. 그들은 싸우는 것이 선한 일이라고 말한다. 때로는 사회의 변화를 위해 그렇게 싸우는 것이 필요할 수도 있다. 그런데 대부분의 경우는 그렇지 않다. 세상의 크고 작은 일에 대해 '관용'으로 넘어갈 필요가 있다. 작은 일만이 아니라 큰 일 조차도 그렇다. 그것이 대단한 것 같으나 지나고 보면 별일 아닌 것이 참 많다. 그러니 할 수만 있으면 소모적인 싸움으로 자신의 삶과 시간을 낭비하지 말아야 한다.

3 우리도 전에는 어리석은 자요 순종하지 아니한 자요 속은 자요 여러 가지 정욕과 행락에 종 노릇 한 자요 악독과 투기를 일삼은 자요 가증스러운 자요 피차 미워한 자였으나

3 For we ourselves were once foolish, disobedient, and wrong. We were slaves to passions and pleasures of all kinds. We spent our lives in malice and envy; others hated us and we hated them.

3:3 살다 보면 진짜 나쁜 사람을 볼 수 있을 것이다. 그들을 손보아야 한다고 생각한다. 그러나 다시 생각해 보아야 한다. **우리도 전에는 어리석은 자요 순종하지 아니한 자요...피차 미워한 자였으나.** 우리도 전에는 그렇게 나쁜 사람이었다. 선한 사람이 추가적으로 믿음을 알게 된 것이 아니라 나쁜 사람이었는데 어느 날 은혜에 사로잡혀 믿음의 사람이 되었다.

그 사람에게도 지금 선한 사람이 되라고 요구할 것이 아니라 그들이 은혜에 사로잡히는 날이 오도록 기회를 주어야 한다. 그들의 악함을 바꿀 것이 아니라 그들이 복음을 알도록 하는 것이 더 중요하다. 그러니 되지도 않는 일을 위해 싸우면서 우리의 인생과 시간을 낭비하지 말아야 한다.

사람들이 죄를 행할 때 그들을 향하여 관용하고 온유로 대해야 하는 것은 우리의 태도가, 그들의 행동에 대한 반응으로서가 아니라 내 안의 긍휼히 여기는 마음으로서 반응해야 하는 것이기 때문이다. 그들의 행동을 보면 분명히 화를 내고 확실한 법의 심판을 받게 하여야 할 것 같다. 맞다. 그러나 그들의 행위를 볼 때 그러한 것이고요. 믿음을 가진 우리가 행해야 하는 것은 그것이 아니다. 우리는 그들의 죄를 볼 때 마치 나의 전에 모습을 보는 것 같이 하여 긍휼히 여기는 마음을 가져야 한다.

4 우리 구주 하나님의 자비와 사람 사랑하심이 나타날 때에
5 우리를 구원하시되 우리가 행한 바 의로운 행위로 말미암지 아니하고 오직 그의 긍휼하심을 따라 중생의 씻음과 성령의 새롭게 하심으로 하셨나니
6 우리 구주 예수 그리스도로 말미암아 우리에게 그 성령을 풍성히 부어 주사
7 우리로 그의 은혜를 힘입어 의롭다 하심을 얻어 영생의 소망을 따라 상속자가 되게 하려 하심이라

4 But when the kindness and love of God our Saviour was revealed,
5 he saved us. It was not because of any good deeds that we ourselves had done, but because of his own mercy that he saved us, through the Holy Spirit, who gives us new birth and new life by washing us.
6 God poured out the Holy Spirit abundantly on us through Jesus Christ our Saviour,
7 so that by his grace we might be put right with God and come into possession of the

eternal life we hope for.

3:7 영생의 소망을 따라 상속자. 우리는 믿음으로 용서함을 입어 의롭다 하심을 얻었고, 영생의 소망을 가지게 되었으며, 하늘의 것에 대해 '상속자'가 되었다. 그래서 우리는 참으로 엄청난 상속자가 되었다. 하늘의 상속이라는 엄청난 것을 소유한 사람이기에 우리는 세상의 상속에 대해 그리 마음 쓰지 않아도 된다.

세상의 상속도 물론 있으면 좋지만 그것은 지극히 작고 일시적인 것이다. 하늘의 상속이 크고 영원한 것이다. 우리는 그러한 하늘의 상속자이기에 땅의 상속에 목 매여 있는 사람들을 적개심을 가지고 볼 것이 아니라 긍휼한 마음으로 볼 수 있어야 한다. 때로는 매우 얄미울 수도 있지만 그래도 하늘의 상속을 소유한 사람으로서 그들을 향하여 넉넉한 마음으로 대해야 한다. 끝까지 사랑하고 인내하며 온유해야 한다.

8 이 말이 미쁘도다 원하건대 너는 이 여러 것에 대하여 굳세게 말하라 이는 하나님을 믿는 자들로 하여금 조심하여 선한 일을 힘쓰게 하려 함이라 이것은 아름다우며 사람들에게 유익하니라
8 This is a true saying. I want you to give special emphasis to these matters, so that those who believe in God may be concerned with giving their time to doing good deeds, which are good and useful for everyone.

3:8 바울은 성도가 가야 하는 길을 다시 반복하여 강조한다. **이 여러 것에 대하여 굳세게 말하라.** 싸움과 같이 낭비적인 일에 인생을 소비하지 않도록 말하라는 것이다. 많은 이들이 그렇게 낭비하고 있기 때문이다.

조심하여 선한 일을 힘쓰게 하려 함이라. 우리는 '선한 일'을 해야 한다. 선한 일을 할 시간도 부족하다. 우리가 힘써야 하는 일은 선한 일이다. 세상에는 선한 일이 수없이 많다.

이것은 아름다우며 사람들에게 유익하니라. 선한 일은 믿는 사람들이나 믿지 않는 사람들이 보기에도 아름다운 일이다. 참 선한 일이다. 그리고 모두에게 유익을 끼치는 일이다. 사람들의 눈에서 피눈물 나오게 하지 말고 웃음이 나오게 해야 한다.

9 그러나 어리석은 변론과 족보 이야기와 분쟁과 율법에 대한 다툼은 피하라 이것은 무익한 것이요 헛된 것이니라
9 But avoid stupid arguments, long lists of ancestors, quarrels, and fights about the Law. They are useless and worthless.

3:9 중요하다 말하지만 실제로는 중요하지 않은 일이 많다. **어리석은 변론과 족보 이야기와 분쟁과 율법에 대한 다툼은 피하라.** 당시에 족보를 중요하게 여겼다. 제사장의 족보는 매우 중요하였다. 그러나 분별하되 그러한 일로 다투지는 말아야 한다. 다툼의 여지가 있는 부분에 대해서는 서로 양보해야 한다. 그것보다 더 중요한 것이 있기 때문이다.

10 이단에 속한 사람을 한두 번 훈계한 후에 멀리하라
10 Give at least two warnings to those who cause divisions, and then have nothing more to do with them.

3:10 이단에 속한 사람을 한두 번 훈계한 후에 멀리하라. 이단은 중요한 문제다. 그러나 그들을 한 두 번 훈계하는 것이 아니라 계속 씨름하는 것은 무의미하다. 그들은 이미 마음이 떠났기 때문이다. 이단을 바꾸기보다는 다른 사람에게 복음을 전하는 것이 더 선한 일이 될 것이다.

11 이러한 사람은 네가 아는 바와 같이 부패하여 스스로 정죄한 자로서 죄를 짓느니라
12 내가 아데마나 두기고를 네게 보내리니 그 때에 네가 급히 니고볼리로 내게 오라 내가 거기서 겨울을 지내기로 작정하였노라
13 율법교사 세나와 및 아볼로를 급히 먼저 보내어 그들로 부족함이 없게 하고
14 또 우리 사람들도 열매 없는 자가 되지 않게 하기 위하여 필요한 것을 준비하는 좋은 일에 힘 쓰기를 배우게 하라
15 나와 함께 있는 자가 다 네게 문안하니 믿음 안에서 우리를 사랑하는 자들에게 너도 문안하라 은혜가 너희 무리에게 있을지어다
11 You know that such people are corrupt, and their sins prove that they are wrong.
12 When I send Artemas or Tychicus to you, do your best to come to me in Nicopolis, because I have decided to spend the winter there.
13 Do your best to help Zenas the lawyer and Apollos to get started on their travels, and see to it that they have everything they need.
14 Our people must learn to spend their time doing good, in order to provide for real needs; they should not live useless lives.
15 All who are with me send you greetings. Give our greetings to our friends in the faith. God's grace be with you all.

3:14 바울은 마지막 인사에서 '선한 일'에 대해 한 번 더 말한다.
필요한 것을 준비하는 좋은 일에 힘 쓰기를 배우게 하라. 이것은 앞에서 말한 율법교사

세나와 아볼로를 돕는 것에 대한 말이다. 그들이 복음을 전하기 위해 그레데 섬에 올 것인데 그들을 돕는 것은 '좋은 일'이다. 그들을 도움으로 선한 일을 하는 사람이 되도록 하라고 말하고 있다.

열매 없는 자가 되지 않게 하기 위하여. 자신의 일에만 몰두하여 살아가느라 선한 일에 열매가 없는 사람이 되는 것이 습관이 되어 있는 사람이 많았다. 그러기에 선한 일을 하지 못하고 사는 열매 없는 삶이 되지 않도록 하기 위해, 이번에 교사들을 돕는 선한 일이 습관이 되도록 그들을 가르치라고 말하고 있다. 선한 일을 적용하는 것이다. 선한 일을 적용하는 것을 습관화하도록 시키는 것이다.

선한 일은 외적으로 큰 일이 아니라서 중요한 것 같아 보이지 않을 수 있지만 실상은 매우 중요하다. 모두가 오늘 하루에도 할 수 있다. 내가 해야 하는 일이다. 은혜로 구원을 받았으니 은혜를 따라 날마다 살아가야 한다. 날마다 선한 일에 힘쓰는 것이 습관이 되도록 해야 한다. 그것이 은혜를 아는 성도의 길이다.

빌레몬서

목 차

빌레몬서는 감옥에 있는 바울이 골로새의 한 지역 교회를 섬기고 있던 빌레몬에게 쓴 편지이다. 바울은 그가 감옥에서 만난 오네시모가 빌레몬의 도망친 노예라는 것을 알고 그에게 편지를 써 오네시모를 용서하기를 간구하고 있다.

이 서신은 61년경 로마 감옥에서 쓰인 것으로 추정된다. 옥중서신이지만 다른 옥중서신 뒤에 있지 않고 바울 서신 제일 뒤에 놓인 것은 개인에게 보내는 개인적인 서신이기 때문이다.

빌레몬서는 '용서'를 말한다. 그런데 단순한 용서가 아니라 믿음의 참여로 용서를 말한다. 헬라어에 '코이노니아'라는 단어가 있다. 성도 간의 '교제'라는 뜻으로 많이 사용한다. 그런데 '참여'라는 의미를 가지고 있다. 빌레몬서에서 바울은 코이노니아를 강하게 권면한다. 하나님의 마음과 일에 참여하는 것이다.

1 그리스도 예수를 위하여 갇힌 자 된 바울과 및 형제 디모데는 우리의 사랑을 받는 자요 동역자인 빌레몬과
2 자매 압비아와 우리와 함께 병사 된 아킵보와 네 집에 있는 교회에 편지하노니
1 From Paul, a prisoner for the sake of Christ Jesus, and from our brother Timothy— To our friend and fellow-worker Philemon,
2 and the church that meets in your house, and our sister Apphia, and our fellow-soldier Archippus:

1:1-2 그리스도 예수를 위하여 갇힌 자 된 바울. '예수를 위하여 죄수 된 바울'이다. 이 표현은 다른 서신에서는 나오지 않는다. 바울은 로마 감옥에 갇혀 있을 때 이 편지를 쓴 것으로 보인다. 그가 이 표현을 쓴 것은 그가 그리스도의 고난에 참여하고 있다는 것을 말하고자 함일 것이다.

빌레몬...네 집에 있는 교회에 편지하노니. 바울이 '빌레몬'에게 편지를 쓰고 있다. '네 집에 있는 교회'에도 편지를 쓴다 말한다. 이 당시 예배당 건물이 따로 있지 않고 개인 집의 큰 방이나 뜰에 텐트를 치고 예배를 드렸다. 빌레몬이 집을 제공하여 모인 교회는 골로새에 있었다. 그래서 빌레몬서는 '작은 골로새서'라 할 수도 있다.

3 하나님 우리 아버지와 주 예수 그리스도로부터 은혜와 평강이 너희에게 있을지어다
4 내가 항상 내 하나님께 감사하고 기도할 때에 너를 말함은
5 주 예수와 및 모든 성도에 대한 네 사랑과 믿음이 있음을 들음이니
3 May God our Father and the Lord Jesus Christ give you grace and peace.
4 Brother Philemon, every time I pray, I mention you and give thanks to my God.
5 For I hear of your love for all God's people and the faith you have in the Lord Jesus.

1:5 네 사랑과 믿음이 있음을 들음이니. 빌레몬의 집에서 한 교회가 모인다는 것은 그가 많은 부분에서 헌신하고 있다는 것을 의미한다. 빌레몬은 교회로 모일 수 있도록 집을 개방하여 큰 헌신을 하고 있었다. 그가 성도들을 사랑으로 많이 섬긴 것으로 보인다.

6 이로써 네 믿음의 교제가 우리 가운데 있는 선을 알게 하고 그리스도께 이르도록 역사하느니라

6 My prayer is that our fellowship with you as believers will bring about a deeper understanding of every blessing which we have in our life in union with Christ.

1:6 믿음의 교제. 빌레몬의 모든 섬김은 '믿음의 교제(헬. 코이노니아)'였다. 믿음의 참여였다. 골로새 지역교회를 섬기는 빌레몬의 섬김은 믿음의 참여이며, 그러한 참여는 믿음 안에 있는 엄청난 복을 얻게 될 것이다.

빌레몬서는 바울서신 중에 분량이 가장 적고 가장 뒤에 위치한다. 어쩌면 성경 전체에서 가장 작은 성경(분량으로는 요한삼서, 요한이서 다음으로 세 번째)이라 할 수 있다. 그러나 그럼에도 불구하고 그의 이름은 성경의 제목이 되었다. 얼마나 큰 영광인가?

그리스도께 이르도록 역사하느니라. 빌레몬의 믿음의 참여는 결국 그리스도와 하나가 되게 한다. 그리스도께서 믿음의 일을 하셨다. 하고 계신다. 그러기에 그리스도의 믿음의 일에 참여하는 것은 그리스도의 사역에 참여하는 것이며 그리스도와 하나가 되는 것이다.

예수님의 일에 참여할 때 우리는 예수님께 참여하는 사람이 된다. 예수님의 일에 열정을 가지라. 그것이 얼마나 귀한 것인지 모른다. 예수님의 일은 우리를 예수님의 생명에 참여자가 되게 할 것이다.

7 형제여 성도들의 마음이 너로 말미암아 평안함을 얻었으니 내가 너의 사랑으로 많은 기쁨과 위로를 받았노라

7 Your love, dear brother, has brought me great joy and much encouragement! You have cheered the hearts of all God's people.

1:7 성도들의 마음이 너로 말미암아 평안함을 얻었으니. '재충전(위로)을 얻었으니'로 번역할 수 있다. 빌레몬은 다방면으로 그의 집에서 모이는 교회를 섬긴 것으로 보인다. 누군가 그로 인해 원기를 회복하고, 믿음을 회복하며 위로를 받은 것으로 보인다.

8 이러므로 내가 그리스도 안에서 아주 담대하게 네게 마땅한 일로 명할 수도 있으나

9 도리어 사랑으로써 간구하노라 나이가 많은 나 바울은 지금 또 예수 그리스도를 위하여 갇힌 자 되어

8 For this reason I could be bold enough, as your brother in Christ, to order you to do what should be done.

9 But because I love you, I make a request instead. I do this even though I am Paul, the ambassador of Christ Jesus, and at present also a prisoner for his sake.

1:9 사랑으로써 간구하노라. 바울은 빌레몬에게 '간구'하였다. 그가 그리스도를 위하여 갇힌 자 되어 그리스도의 은혜에 참여자가 된 것처럼 이제 빌레몬에게 오네시모를 용서하여 그리스도의 용서에 참여자가 될 것을 간청하고 있다. 지금까지 교회를 잘 섬기고 있었는데 그것과는 별개로 또 하나의 '참여'가 도전적으로 그 앞에 놓인 것이다.

바울이 그리스도를 위하여 죄수가 된 것이 어려운 일인 것처럼 빌레몬이 오네시모를 용서하는 것도 매우 어려운 일일 것이다. 어렵고 힘든 일을 지금까지 잘 해 왔지만 개인적인 감정 때문에 오네시모를 용서하는 것은 도저히 어려울 수 있다. 그러나 용서하신 그리스도의 마음에 참여하기 위해 자신의 모든 감정을 내려놓고 용서하라고 요청된 것이다.

우리는 도저히 용서할 수 없는 일을 만날 수 있다. 그러나 그곳에서 우리가 그리스도의 용서에 참여하도록 요청된다면 용서해야 한다. 그리스도의 용서에 참여할 수 있음을 감사하며 참여해야 한다.

자신이 용서하는 그 사람에게 초점을 맞추면 아프다. 그런데 그리스도의 용서와 우리가 그리스도의 용서에 참여한다는 사실에 초점을 맞출 필요가 있다. 그러면 영광이다. 영광이 아픔을 이겨야 한다. 아프지 않은 것이 아니라 영광이 더 크기 때문에 용서하는 것이다.

10 갇힌 중에서 낳은 아들 오네시모를 위하여 네게 간구하노라
10 So I make a request to you on behalf of Onesimus, who is my own son in Christ; for while in prison I have become his spiritual father.

1:10 오네시모를 위하여 네게 간구하노라. 골로새 교회를 섬기고 있는 빌레몬에게 개인적으로 매우 민감한 일이 생겼다. 빌레몬에게 '오네시모'라는 종이 있었는데 그가 무슨 일인지 도망자가 되었고, 바울이 오네시모를 위하여 빌레몬에게 간청하고 있다. 오네시모가 감옥에 있는 바울을 어찌 만났는지는 정확히 알지 못한다. 우연히 만났는지 아니면 바울이 자신의 주인과 친하다는 것을 알고 중재를 위해 의도적으로 바울을 만나기 위해 왔을 수도 있다. 후자의 경우라면 상황은 더욱더 미묘하다. 그러나 바울이 중재자로 나선 것은 확실하다.

11 그가 전에는 네게 무익하였으나 이제는 나와 네게 유익하므로
12 네게 그를 돌려 보내노니 그는 내 심복이라

13 그를 내게 머물러 있게 하여 내 복음을 위하여 갇힌 중에서 네 대신 나를 섬기게 하고자 하나

14 다만 네 승낙이 없이는 내가 아무 것도 하기를 원하지 아니하노니 이는 너의 선한 일이 억지 같이 되지 아니하고 자의로 되게 하려 함이라

11 At one time he was of no use to you, but now he is useful both to you and to me.
12 I am sending him back to you now, and with him goes my heart.
13 I would like to keep him here with me, while I am in prison for the gospel's sake, so that he could help me in your place.
14 However, I do not want to force you to help me; rather, I would like you to do it of your own free will. So I will not do anything unless you agree.

1:14 선한 일이 억지 같이 되지 아니하고 자의로 되게 하려 함. 바울은 오네시모를 용서할 것을 간청하였지만 빌레몬의 '승낙'이 있어야만 한다고 말한다. 그리스도의 마음에 참여하는 것은 억지로 되는 것이 아니다.

그리스도의 일에 참여하는 것은 참으로 선한 일이다. 그러기에 더욱더 억지가 되면 안 된다. 자유가 보장되어야 하고 자의로 해야 한다. 선한 일을 권고하는 것은 매우 좋다. 그러나 그것이 억지가 되면 안 된다.

빌레몬이 지금까지 많은 선한 일을 하고 있었지만 오네시모 사건은 또 하나의 도전이었다. 어려운 도전이었을 것이다. 그러나 그것은 위기가 아니라 예수님의 용서에 참여할 수 있는 기회였다.

빌레몬의 오네시모 사건처럼 우리들에게도 많은 개별 사건들이 있을 것이다. 감정이 많이 상한 사건들이 있을 것이다. 그때 예수님의 마음과 사역에 참여하는 기회가 되게 하라. 믿음의 참여는 우리가 할 수 있는 가장 큰 영광이다.

15 아마 그가 잠시 떠나게 된 것은 너로 하여금 그를 영원히 두게 함이리니

15 It may be that Onesimus was away from you for a short time so that you might have him back for all time.

1:15 그가 잠시 떠나게 된 것은...그를 영원히 두게 함이리니. 바울은 특별히 하나님의 섭리를 말하며 용서를 권면하였다. 오네시모가 빌레몬을 떠났었다. 빌레몬은 매우 분노하였을 것이다. 믿었던 사람이 배신한 것일 수 있다. 그러나 빌레몬이 아는 것은 그것 뿐이다. 미래는 전혀 알지 못한다. 특별히 하나님의 섭리에 대해서는 전혀 알지 못한다.

자신의 감정으로는 매우 화나는 일이지만 우리는 하나님의 섭리 앞에 겸손해야 한다.

나의 감정은 미래를 모른다. 오직 하나님이 모든 것을 다스리신다. 우리의 감정을 하나님의 섭리 앞에 겸손히 내려 놓고 굴복시켜야 한다.

이 당시 도망자 종을 용서하는 경우는 매우 드물었다. 그러기에 사회적인 분위기로는 빌레몬이 화를 내는 것이 맞다. 오네시모를 용서하지 않는 것이 맞다. 그러나 신앙인은 세상의 규칙을 뛰어 넘는다. 그리스도께서 세상의 생각을 뛰어 넘어 용서하심으로 세상에 복음이 들어왔다. 그러기에 우리도 그리스도의 용서의 마음에 참여할 때 세상의 관념을 뛰어 넘을 수 있어야 한다.

로마에서 주인은 종이 충성스럽게 10년 정도 일을 잘 하면 자신의 너그러움을 나타내는 방식으로 종을 해방시켜주는 경우가 있었다. 그런 경우 종은 주인을 떠나기 보다는 자유인이 되어 주인 옆에서 충성스럽게 도왔다.

빌레몬은 지금 도망자 오네시모를 용서할 것을 바울을 통해 권면받고 있다. 게다가 바울은 암시적으로 그를 자유인이 되게 해 줄 것까지 말하고 있는 것 같다. 그러니 빌레몬이 보기에는 더욱더 말이 안 될 수 있다. 그러나 그가 하나님의 용서의 마음에 참여하여 오네시모를 용서한다면 어떤 일이 일어날지 모른다. 종이었다 자유인이 되어 돕는 사람보다 어쩌면 열 배 아니 그 이상으로 더 충성하는 사람이 될 수도 있지 않을까?

빌레몬이 하나님의 용서의 마음에 참여하여 오네시모를 용서하는 것이 힘든 일이었다. 그러나 용서하도록 바울은 줄기차게 도전하고 있다. 빌레몬이 용서하였는지는 본문에 나와 있지 않다. 그러나 여러 정황상 빌레몬이 용서한 것으로 보인다. 그는 오네시모를 용서함으로 하나님의 마음에 참여하고, 하나님의 나라가 힘있게 영광되었을 것이다. 사람들의 입에 얼마나 많이 회자되었을까?

16 이 후로는 종과 같이 대하지 아니하고 종 이상으로 곧 사랑 받는 형제로 둘 자라 내게 특별히 그러하거든 하물며 육신과 주 안에서 상관된 네게랴
17 그러므로 네가 나를 동역자로 알진대 그를 영접하기를 내게 하듯 하고
16 And now he is not just a slave, but much more than a slave: he is a dear brother in Christ. How much he means to me! And how much more he will mean to you, both as a slave and as a brother in the Lord!
17 So, if you think of me as your partner, welcome him back just as you would welcome me.

1:17 네가 나를 동역자로 알진대. 바울은 어쩌다 보니 빌레몬과 오네시모 사이에 중재

자가 되었다. 이 중재는 체면이 서는 일이거나 이익이 되는 것이 아니었다. 많은 면에 있어 괜히 중간에 서서 어려움을 당할 경우의 수가 많은 일이었다. 그러나 그는 용서라는 하나님의 마음에 중재자가 되었고 그 또한 하나님의 마음에 참여자가 되었다. **그를 영접하기를 내게 하듯 하고.** 바울은 도망자 종인 오네시모와 자신을 동일한 위치에 두고 있다. 그것은 오네시모에게는 올라가는 것이지만 바울에게는 내려가는 것이다. 그러나 바울은 용서라는 위대한 하나님의 마음에 참여자가 되기 위해 이러한 위험을 무릅쓰고 있다.

18 그가 만일 네게 불의를 하였거나 네게 빚진 것이 있으면 그것을 내 앞으로 계산하라

18 If he has done you any wrong or owes you anything, charge it to my account.

1:18 바울은 용서라는 위대한 사건에 거저 개입하지 않았다. **네게 빚진 것이 있으면 그것을 내 앞으로 계산하라.** 그는 오네시모가 빌레몬에게 진 경제적인 손해에 대해 자신이 재정 보증을 하고 있다.

19 나 바울이 친필로 쓰노니 내가 갚으려니와 네가 이 외에 네 자신이 내게 빚진 것은 내가 말하지 아니하노라

19 Here, I will write this with my own hand: I, Paul, will pay you back. (I should not have to remind you, of course, that you owe your very self to me.)

1:19 나 바울이 친필로 쓰노니. 이 부분에서는 직접 글을 씀으로 이 편지가 재정 보증에 대한 보증서나 영수증과 같은 역할을 하도록 하고 있다. 그는 실제적으로 책임을 지고 있다.

용서의 일에 중재자들이 있다. 그런데 중재자들이 힘들이지 않고 중재하려고 하는 경우가 많다. 중재하기 위해서는 더욱더 힘든 것인데 책임을 지지 않고 생색만 내려고 하다가 중재를 못하는 경우가 많다. 바울은 자신이 재정 보증까지 서면서 중재함으로 용서라는 하나님의 마음에 책임감 있게 참여하였다. 대속하시는 하나님의 마음에까지 참여하는 위대한 열매를 얻었다.

20 오 형제여 나로 주 안에서 너로 말미암아 기쁨을 얻게 하고 내 마음이 그리

스도 안에서 평안하게 하라

21 나는 네가 순종할 것을 확신하므로 네게 썼노니 네가 내가 말한 것보다 더 행할 줄을 아노라

22 오직 너는 나를 위하여 숙소를 마련하라 너희 기도로 내가 너희에게 나아갈 수 있기를 바라노라

23 그리스도 예수 안에서 나와 함께 갇힌 자 에바브라와

24 또한 나의 동역자 마가, 아리스다고, 데마, 누가가 문안하느니라

25 우리 주 예수 그리스도의 은혜가 너희 심령과 함께 있을지어다

20 So, my brother, please do me this favour for the Lord's sake; as a brother in Christ, cheer me up!

21 I am sure, as I write this, that you will do what I ask—in fact I know that you will do even more.

22 At the same time, get a room ready for me, because I hope that God will answer the prayers of all of you and give me back to you.

23 Epaphras, who is in prison with me for the sake of Christ Jesus, sends you his greetings,

24 and so do my fellow-workers Mark, Aristarchus, Demas, and Luke.

25 May the grace of the Lord Jesus Christ be with you all.

1:21 순종할 것을 확신하므로 네게 썼노니. 바울은 확신하였다. 그러나 오네시모는 어떠하였을까? 이 편지를 분명 오네시모가 가지고 갔을 것이다. 빌레몬이 용서에 실패하면 조금의 믿음의 후퇴로 끝나는 일이지만 오네시모는 죽음에 이르는 것일 수 있다. 그러기에 오네시모에게는 빌레몬에게 용서를 구하기 위해 가는 것이 매우 어려운 일이었을 것이다. 그러나 그는 용기를 냈다. 죽으면 죽으리라는 분명한 용기가 있었을 것이다. 그가 바울이 말하는 것처럼 복음을 확실히 알게 되었기 때문에 가능한 일이다.

하나님의 마음에 참여하는 것이 많은 경우 용기가 필요하다. 많은 사람들이 용기를 내지 못하고 있다. 그러나 용기를 내야 한다. 만약 오네시모가 용기를 내어 용서를 구했지만, 빌레몬이 용서에 실패하여 오네시모에게 책임을 묻게 된다면 참으로 낭패다. 그러나 그래도 오네시모가 하나님의 마음에 참여하였다는 사실에는 변함이 없다. 용기를 내었으나 세상이 받아주지 못하여도 그가 용기를 내어 하나님의 마음에 참여하였다는 것은 그대로 영광이 된다.

빌레몬서는 빌레몬의 이름이 남은 것도 참 복이 되는 것이지만 오네시모라는 이름이 남은 것은 더욱더 복이 되는 일이다. 오네시모는 도망자 종이었다. 대체 그가 성경에 선한 사람으로 기록될 이유가 하나도 없는 사람이다. 그러나 그의 이름이 복되게 기록되었다. 그가 하나님의 마음에 참여하는 용기를 냈기 때문이다.

빌레몬서에는 오네시모의 마음에 대해서는 어떤 것도 나오지 않는다. 바울이 빌레몬

에게 편지를 쓰는 것이기 때문이다. 그런데 용서라는 하나님의 마음에 참여하는 세 명 주인공 바울과 빌레몬과 오네시모가 있다면 아마 제일 참여가 어려운 사람은 오네시모일 것이다.

빌레몬이 용서하기 위해서는 내적인 감정싸움을 심하게 해야만 가능한 일이었다. 바울은 괜히 낮아지는 것이며, 괜히 죄인이 되는 것이어서, 참으로 겸손하지 아니하고는 힘든 일이다. 그러나 오네시모에게는 목숨이 달린 일이었다. 각자 다양한 용기가 필요하였다.

빌레몬과 바울 그리고 오네시모까지 용기를 내어 용서하시는 하나님의 마음에 참여하였다. 하나님께 영광이 되었다. 오늘 우리 시대에도 용서하는 것 또는 많은 부분에서 하나님의 일과 마음에 참여하는 것은 여전히 어렵다. 그러나 우리는 하나님의 일과 마음에 참여해야 한다. 내 감정을 내려놓고 겸손하게 용기를 내어 하나님의 마음과 일에 참여자가 되라. 그것이 영광이고 생명이다.

<h1 align="center"><참고 문헌></h1>

대한성서공회. (1998). *성경전서: 개역개정*. 대한성서공회.

대한성서공회. (2001). *성경전서: 새번역*. 대한성서공회.

성경전서: 공동번역 개정판. (1999). 대한성서공회.

한국 천주교 주교회의 성서위원회. (2005). *성경 (한국 가톨릭 교회 공용 성경)*. 한국천주교중앙협의회.

New American Standard Bible: 1995 update. (1995). The Lockman Foundation.

The New International Version. (2011). Zondervan.

The New King James Version. (1982). Thomas Nelson.

American Bible Society. (1992). *The Holy Bible: The Good News Translation* (2nd ed.). American Bible Society.

Rotherham, J. B. (2010). *The Emphasized Bible: A Translation Designed to Set Forth the Exact Meaning, the Proper Terminology, and the Graphic Style of the Sacred Original*. Logos Research Systems, Inc.

Biblical Studies Press. (2005). *The NET Bible First Edition; Bible. English. NET Bible*. Biblical Studies Press.

Aland, K., Aland, B., Karavidopoulos, J., Martini, C. M., & Metzger, B. M. (2012). *Novum Testamentum Graece* (28th Edition). Deutsche Bibelgesellschaft.

Harris, W. H., III. (2010). *The Lexham Greek-English Interlinear New Testament: SBL Edition*. Lexham Press.

Koehler, L., Baumgartner, W., Richardson, M. E. J., & Stamm, J. J. (1994–2000). In *The Hebrew and Aramaic lexicon of the Old Testament* (electronic ed.). E.J. Brill.

Arndt, W., Danker, F. W., Bauer, W., & Gingrich, F. W. (2000). In *A Greek-English lexicon of the New Testament and other early Christian literature* (3rd ed.). University of Chicago Press.

Mounce, W. D. (2006). In *Mounce's Complete Expository Dictionary of Old & New Testament Words*. Zondervan.

Thomas, R. L. (1998). In *New American Standard Hebrew-Aramaic and Greek dictionaries : updated edition*. Foundation Publications, Inc.

Liddell, H. G., Scott, R., Jones, H. S., & McKenzie, R. (1996). In *A Greek-English lexicon*. Clarendon Press.

Kittel, G., Bromiley, G. W., & Friedrich, G., eds. (1964–). In *Theological dictionary of the New Testament* (electronic ed.). Eerdmans.

Louw, J. P., & Nida, E. A. (1996). In *Greek-English lexicon of the New Testament: based on semantic domains* (electronic ed. of the 2nd edition.). United Bible Societies.

Moulton, J. H., & Milligan, G. (1930). In *The vocabulary of the Greek Testament.* Hodder and Stoughton.

Silva, M., ed. (2014). In *New International Dictionary of New Testament Theology and Exegesis* (Second Edition, Vols. 1–5). Zondervan.

Brannan, R., ed. (2020). In *Lexham 헬라어 성경 어휘사전.* Lexham Press.

Strong, J. (1996). In *The New Strong's Dictionary of Hebrew and Greek Words.* Thomas Nelson.

VanGemeren, W., ed. (1997). In *New international dictionary of Old Testament theology & exegesis.* Zondervan Publishing House.

Carson, D. A., ed. (2018). *NIV Biblical Theology Study Bible.* Zondervan.

Holman Bible Publishers. (2017). *CSB Disciple's Study Bible: Notes.* Holman Bible Publishers.

Rubin, B., ed. (2016). *The Complete Jewish Study Bible: Notes.* Hendrickson Bibles; Messianic Jewish Publishers & Resources.

Keener, C. S., & Walton, J. H., eds. (2016). *NIV Cultural Backgrounds Study Bible: Bringing to Life the Ancient World of Scripture.* Zondervan.

Sproul, R. C., ed. (2015). *The Reformation Study Bible: English Standard Version (2015 Edition).* Reformation Trust.

Blum, E. A., & Wax, T., eds. (2017). *CSB Study Bible: Notes.* Holman Bible Publishers.

Crossway Bibles. (2008). *The ESV Study Bible.* Crossway Bibles.

톰 라이트. (2021). *모든 사람을 위한 갈라디아서 데살로니가전후서* (이철민, Trans.; 개정판). 한국기독학생회출판부.

존 스토트. (2022). *데살로니가전후서: 복음·종말·교회* (모티어, 스토트, and 티드볼, Eds.; 정옥배, Trans.; 개정2판 ed.). 한국기독학생회출판부.

김세윤. (2002). *데살로니가전서 강해.* 두란노.

Wanamaker, C. A. (1990). *The Epistles to the Thessalonians: a commentary on the Greek text.* W.B. Eerdmans.

Green, G. L. (2002). *The letters to the Thessalonians.* W.B. Eerdmans Pub.; Apollos.

Longman, T., III, & Garland, D. E., eds. (2006). *The Expositor's Bible Commentary: Ephesians–Philemon (Revised Edition)* (Vol. 12). Zondervan.

Arnold, C. E. (2002). *Zondervan Illustrated Bible Backgrounds Commentary: Romans to Philemon.* (Vol. 3). Zondervan.

Gaebelein, F. E., Wood, A. S., Kent, H. A., Jr., Vaugn, C., Thomas, R. L., Earle, R., Hiebert, D. E., & Rupprecht, A. A. (1981). *The Expositor's Bible Commentary: Ephesians through Philemon* (Vol. 11). Zondervan Publishing House.

Shogren, G. S. (2012). *1 & 2 Thessalonians.* Zondervan.

Gorday, P., ed. (2000). *Colossians, 1–2 Thessalonians, 1–2 Timothy, Titus, Philemon.* InterVarsity Press.

Beale, G. K. (2003). *1–2 Thessalonians.* InterVarsity Press.

Martin, D. M. (1995). *1, 2 Thessalonians* (Vol. 33). Broadman & Holman Publishers.

Stott, J. R. W. (1994). *The message of Thessalonians: the gospel & the end of time.* InterVarsity Press.

Morris, L. (1984). *1 and 2 Thessalonians: An introduction and commentary* (Vol. 13). InterVarsity Press.

Holmes, M. (1998). *1 and 2 Thessalonians.* Zondervan Publishing House.

Hendriksen, W., & Kistemaker, S. J. (1953–2001). *Exposition of I-II Thessalonians* (Vol. 3). Baker Book House.

Witherington, B., III. (2006). *1 and 2 Thessalonians: a socio-rhetorical commentary.* Wm. B. Eerdmans Publishing Co.

Ellingworth, P., & Nida, E. A. (1976). *A handbook on Paul's letters to the Thessalonians.* United Bible Societies.

Ellingworth, P., & Nida, E. A. (1976). *A handbook on Paul's letters to the Thessalonians.* United Bible Societies.

Blight, R. C. (2008). *An Exegetical Summary of 1 & 2 Thessalonians* (2nd ed.). SIL International.

Hoehner, H. W., Comfort, P. W., & Davids, P. H. (2008). *Cornerstone biblical commentary: Ephesians, Philippians, Colossians, 1&2 Thessalonians, Philemon.* (Vol. 16). Tyndale House Publishers.

Barton, B. B., & Osborne, G. R. (1999). *1 & 2 Thessalonians: life application commentary.* Tyndale House Publishers.

Calvin, J., & Pringle, J. (2010). *Commentaries on the Epistles of Paul the Apostle to the Philippians, Colossians, and Thessalonians.* Logos Bible Software.

Lenski, R. C. H. (1937). *The interpretation of St. Paul's Epistles to the Colossians, to the Thessalonians, to Timothy, to Titus and to Philemon.* Lutheran Book Concern.

Best, E. (1986). *The First and Second Epistles to the Thessalonians.* Continuum.

Williams, D. J. (2011). *1 and 2 Thessalonians.* Baker Books.

Weatherly, J. A. (1996). *1 & 2 Thessalonians.* College Press Pub. Co.

Shenton, T. (2006). *Opening up 1 Thessalonians.* Day One Publications.

Woolsey, W. (1997). *1 & 2 Thessalonians: a Bible commentary in the Wesleyan tradition.* Wesleyan Publishing House.

Nichol, F. D., ed. (1980). *The Seventh-day Adventist Bible Commentary* (Vol. 7). Review and Herald Publishing Association.

톰 라이트. (2021). *모든 사람을 위한 목회서신: 디모데전서, 디모데후서 & 디도서* (김명희, Trans.; 개정판). IVP.

박윤선. (2013). *교회건축 – 그 명령을 지키라 (박윤선 목사 디모데전서 강의)* (조주석, Ed.; 초판). 도서출판 영음사.

존 스토트. (2021). *디모데전서·디도서: 진리를 굳게 지키라* (모티어, 스토트, and 티드볼, Eds.; 김현회, Trans.; 개정판). 한국기독학생회출판부.

Towner, P. H. (2006). *The Letters to Timothy and Titus.* Wm. B. Eerdmans Publishing Co.

Mounce, W. D. (2000). *Pastoral Epistles* (Vol. 46). Word, Incorporated.

Knight, G. W. (1992). *The Pastoral Epistles: a commentary on the Greek text.* W.B. Eerdmans; Paternoster Press.

Marshall, I. H., & Towner, P. H. (2004). *A critical and exegetical commentary on the Pastoral Epistles.* T&T Clark International.

Wright, T. (2004). *Paul for Everyone: the Pastoral Letters: 1 and 2 Timothy and Titus.* Society for Promoting Christian Knowledge.

Johnson, L. T. (2008). *The first and second letters to Timothy: a new translation with introduction and commentary* (Vol. 35A). Yale University Press.

Lea, T. D., & Griffin, H. P. (1992). *1, 2 Timothy, Titus* (Vol. 34). Broadman & Holman Publishers.

Stott, J. R. W. (1996). *Guard the truth: the message of 1 Timothy & Titus.* InterVarsity Press.

Guthrie, D. (1990). *Pastoral Epistles: An Introduction and Commentary* (Vol. 14). InterVarsity Press.

Liefeld, W. L. (1999). *1 and 2 Timothy, Titus.* Zondervan Publishing House.

Arichea, D. C., & Hatton, H. (1995). *A handbook on Paul's letters to Timothy and to Titus.* United Bible Societies.

Blight, R. C. (2009). *An Exegetical Summary of 1 Timothy.* SIL International.

Towner, P. (1994). *1–2 Timothy & Titus* (Vol. 14). InterVarsity Press.

Barton, B. B., Veerman, D., & Wilson, N. S. (1993). *1 Timothy, 2 Timothy, Titus.* Tyndale House Publishers.

Arichea, D. C., & Hatton, H. (1995). *A handbook on Paul's letters to Timothy and to Titus.* United Bible Societies.

Calvin, J., & Pringle, W. (2010). *Commentaries on the Epistles to Timothy, Titus, and Philemon.* Logos Bible Software.

Lenski, R. C. H. (1937). *The interpretation of St. Paul's Epistles to the Colossians, to the Thessalonians, to Timothy, to Titus and to Philemon.* Lutheran Book Concern.

Collins, R. F. (2012). *1 & 2 Timothy and Titus: A Commentar*y (C. C. Black, M. E. Boring, & J. T. Carroll, Eds.). Westminster John Knox Press.

Lock, W. (1924). *A critical and exegetical commentary on the Pastoral epistles (I & II Timothy and Titus).* T&T Clark.

Wall, R. W., & Steele, R. B. (2012). *1 and 2 Timothy and Titus* (J. B. Green & M. Turner, Eds.). William B. Eerdmans Publishing Company.

Schaff, P., ed. (1889). *Saint Chrysostom: Homilies on Galatians, Ephesians, Philippians, Colossians, Thessalonians, Timothy, Titus, and Philemon* (Vol. 13). Christian Literature Company.

Lange, J. P., Schaff, P., & van Oosterzee, J. J. (2008). *A commentary on the Holy Scriptures: 1 & 2 Timothy* (E. A. Washburn & E. Harwood, Trans.). Logos Bible Software.

John Chrysostom. (1843). *The Homilies of S. John Chrysostom, Archbishop of Constantinople, on the Epistles of St. Paul the Apostle to Timothy, Titus, and Philemon.* John Henry Parker; J. G. F. and J. Rivington.

Black, R., & McClung, R. (2004). *1 & 2 Timothy, Titus, Philemon: a commentary for bible students.* Wesleyan Publishing House.

N. T. 라이트. (2014). *골로새서·빌레몬서* (박상민 and 진규선, Eds.; 이승호, Trans.; 초판, Vol. 12). 기독교문서선교회.

톰 라이트. (2020). *모든 사람을 위한 옥중서신: 에베소서, 빌립보서, 골로새서, 빌레몬서* (김명희, Trans.; 개정판). 한국기독학생회출판부.

Brown, D. R. (2013). *Philemon* (D. Mangum, Ed.). Lexham Press.

Bruce, F. F. (1984). *The Epistles to the Colossians, to Philemon, and to the Ephesians.* Wm. B. Eerdmans Publishing Co.

Moo, D. J. (2008). *The letters to the Colossians and to Philemon.* William B. Eerdmans Pub. Co.

Longman, T., III, & Garland, D. E., eds. (2006). *The Expositor's Bible Commentary: Ephesians–Philemon (Revised Edition)* (Vol. 12). Zondervan.

Arnold, C. E. (2002). *Zondervan Illustrated Bible Backgrounds Commentary: Romans to

Philemon. (Vol. 3). Zondervan.

Gaebelein, F. E., Wood, A. S., Kent, H. A., Jr., Vaugn, C., Thomas, R. L., Earle, R., Hiebert, D. E., & Rupprecht, A. A. (1981). *The Expositor's Bible Commentary: Ephesians through Philemon* (Vol. 11). Zondervan Publishing House.

Dunn, J. D. G. (1996). *The Epistles to the Colossians and to Philemon: a commentary on the Greek text.* William B. Eerdmans Publishing; Paternoster Press.

Wright, N. T. (1986). *Colossians and Philemon: an introduction and commentary* (Vol. 12). InterVarsity Press.

Garland, D. E. (1998). *Colossians and Philemon.* Zondervan Publishing House.

Melick, R. R. (1991). *Philippians, Colossians, Philemon* (Vol. 32). Broadman & Holman Publishers.

Barton, B. B., & Comfort, P. W. (1995). *Philippians, Colossians, Philemon.* Tyndale House Publishers.

Bratcher, R. G., & Nida, E. A. (1977). *A handbook on Paul's letters to the Colossians and to Philemon.* United Bible Societies.

Calvin, J., & Pringle, W. (2010). *Commentaries on the Epistles to Timothy, Titus, and Philemon.* Logos Bible Software.

Wilson, R. M. (2005). *A Critical and Exegetical Commentary on Colossians and Philemon* (G. I. Davies & G. N. Stanton, Eds.). T&T Clark International.

Patzia, A. G. (2011). *Ephesians, Colossians, Philemon.* Baker Books.

Moule, H. C. G. (1898). *The Epistle to the Colossians and to Philemon with Introduction and Notes.* Cambridge University Press.

Spence-Jones, H. D. M., ed. (1909). *Philemon.* Funk & Wagnalls Company.

John Chrysostom. (1843). *The Homilies of S. John Chrysostom, Archbishop of Constantinople, on the Epistles of St. Paul the Apostle to Timothy, Titus, and Philemon.* John Henry Parker; J. G. F. and J. Rivington.

Black, R., & McClung, R. (2004). *1 & 2 Timothy, Titus, Philemon: a commentary for bible students.* Wesleyan Publishing House.

Meyer, H. A. W. (1884). *Critical and Exegetical Handbook to the Epistle to the Ephesians and the Epistle to Philemon* (W. P. Dickson, Ed.; M. J. Evans, Trans.). T&T Clark.

살딤딛몬 (성경, 이해하며 읽기)

발행	2026년 2월 2일
저자	장석환
펴낸이	장석환
펴낸곳	도서출판 돌계단
출판사등록	2022.07.27(제393-2022-000025호)
주소	안산시 상록구 삼태기2길 4-16
전화	031-416-9301
이메일	dolgaedan@naver.com

ISBN 979-11-996535-2-8